《大人の本棚》

田中眞澄

本読みの獸道

稲川方人解説

みすず書房

本読みの獣道 ▩ 目次

I　いつか来た道　とおりゃんせ　五〇年代児童が読んだ本　5

I　いつか来た道　とおりゃんせ　五〇年代児童が読んだ本

「アンデルセンのこと、なぞ」

私は街を歩く。毎日のように。そして古本屋があれば覗いて見る。遠出をしたときや、旅先でも、古本屋を見つけるのが楽しい。どうせ廉価の本しか買わないのだが、活字に目をさらすと生きている気分になる。他人に無用な雑書でも、私には精神的な掘り出し物であったりもする。何はともあれ、ものごころついて以来、趣味の第一は、いつも読書と決まっていた。

郷里は北海道の東の地方都市で、テレビの電波がなかなかやってこない。それにまだまだ高価な商品だった。わが家に入ったのは、忘れもしない一九六〇年十二月、中学三年の時である。もちろん、それからはテレビの前で過ごす時間が多くなったとはいえ、テレビで育ったとはいえないだろう。テレビ僻地の子供にとって、未知の世界をもたらすものはラジオと本だった。

ラジオについては、われながらやたら詳しい。家でテレビを買ったのは、地元（の近く）出身の大鵬が相撲界のアイドルとして出現したからだが、私は小学生にしてラジオを通じてひとかどの相撲通になっていた。何しろ五年生頃には「相撲」という雑誌を購読した本格派である。落語、浪曲、「二十の扉」、「とんち教室」、ラジオドラマ――小学校に上るか上らないかで「君の名は」まで聴いた。住居が繁華の巷から離れていたので、映画は特別な機会に限られた。プロレス狂になるのは、テレビを待たねばならない。だが、一九五〇年代の流行歌なら自然に頭に入っていて、歌詞さえ出ればいくらでも唱えるのだから、幼少時の記憶はおそろしい。

しかしながら、それらにも増して、子供の私を魅了したのが、本、あるいは本に書かれた物語だったといえようか。

私は街を歩き、古本屋の店先で、半世紀余りも昔の古い馴染みの「物語」に出くわすことがある。むろん、当時の刊本ではなく、後年のものであることが多い。あるいは文庫本などに姿を変えて。時に私はそれらを購い、読み直すつもりで、いつか本の山に埋もれてしまう。過去への回帰に伴う情感を、いつから私は禁じ手としたのであったろうか。

敗戦をまたぐ年度に生まれた（同級生には満洲生まれもいる）私たちは、純粋に日本の戦後の児童だった。一時代前の「少国民」とは正反対の価値観を、最初から生きた世代だろう。小学校に入学したのは、子供を一個の人格として認めた「児童憲章」が制定された一九五一年のちょうど翌年であった。

その頃――一九五〇年代に児童書の叢書の出版が盛んになったのも、そのような時代の気運の結果だったと思われる。出版界全体が敗戦直後の混沌期を克服して、復興していった時期。文学全集や文庫本の簇生《そうせい》に現れた、旧き教養の復活と新たな時代認識の大衆的啓蒙。その中で、さらなる未来を託すべき存在として、私たち「児童」が位置づけられて不思議はなかった。とりわけ私が親しんだのが「岩波少年文庫」（一九五〇年―）と創元社版「世界少年少女文学全集」（一九五三―五六年、第二部・東京創元社、一九五六―五八年）である。前者は叔父が送ってくれたもので、この話は先頃の「石井桃子展」の図録〔世田谷文学館、二〇一〇年〕に書いたが、読んだのが一九五三年までに出た本で、それ以後には縁がなかったというのは、後者の全集を親が毎月取ってくれるようになったからだった。わが小学生時代（一九五二―五八年）の読書の基本が、この二つだったことは確かだろう。とはいえ、思い返せばそれだけでなく、いろいろ枝葉が岐れていた。初めて読んだ大人の小説は、近所のおじさんに借りた村上元三の『佐々木小次郎』で、小学三年生の時だったろうが、その頃天文学者になりたいと思っていたのは、山本一清の子供向けの天文学の本を読んだせいである。

数年前、高校の同期会で久しぶりに郷里を再訪した。実家がその町を離れて縁がなくなって、およそ三十五年。その日は朝から夕方まで、街中から街外れまで、一人で歩き回ったのだが、小学生時代に住んだ辺りの変貌著しく、道筋も変わってしまったことを知った。半世紀余りの昔、どこに子供の私がいたのだろうか。

街が変わった以上に、私自身が変わっている。それでは、本を読んで育った子供の心の通い路、あの道この道は、今は変わって見えるだろうか。そもそもそれらの物語のどこが面白く、そして何を教えられたのか。そして永い歳月の後、どんな姿を見ることになるのだろうか。

一九五〇年代の日本の児童が読んだ本。そこには時代に固有な必然とともに、特殊を超えた超歴史的普遍がなければならない。その追体験とは、畢境、人類の存在に同伴した「物語文化」の「魔力」に触れることなのである。

私は街を歩く。昔なじみの物語に目がとまる。今度こそもう一度読んでみようかと思い立つ。

＊

その古本屋の店先の均一本には、かなり年代物の、二種類の装幀の本が数十冊置いてあった。珍しいので手に取って見ると、どちらも昭和初期（一九二七年―）の児童向けの叢書で、一つは興文社・文藝春秋社の「小学生全集」、もう一つはアルスの「日本児童文庫」の端本である。両者は円本ブームの児童書出版で競い合ったが、近年は古本でも滅多に見かけない。それが一冊四百円。恩地孝四郎装幀のアルス版を何冊か買うことにした。文芸ものはあまり残っていなかったが、「アンデルセン童話集」があり、鈴木三重吉の選・訳というのが気になったからである。

アンデルセン童話と最初に出会ったのはいつだったろう。岩波少年文庫や創元社の全集にも入っているが、それより前から「マッチ売りの少女」や「みにくいアヒルの子」は知っていたと思う（小学校に入学する以前に本が読めたので、叔父が岩波少年文庫を買ってくれたのである）。だが有名作を一通り読んだのは、その後になったのか、さすがにその辺は憶えていない。

それはさておき、問題は鈴木三重吉による「アンデルセン童話集」であった。鈴木三重吉は夏目漱石門下。大人の小説から転じて、一九一八年に童話童謡雑誌「赤い鳥」を創刊、近代児童文学の確立に大きな貢献をした。私の関心は、ひとまず、大正期の日本語児童文学界をリードした彼が、数多いアンデルセン童話からどんな作品を選んだかという点にあったのである。

発行は一九二七年七月五日、非売品とあるのは、当時の円本全集の慣例で予約出版の形式を踏んでいたのだろう。この一冊には次の十二篇が収められていた（括弧内に大畑末吉訳による岩波文庫版『アンデルセン童話集』七冊における訳題を示す）。

一、母（ある母親の物語）。
二、秘密（ナイチンゲール）。
三、一本足の兵隊（しっかり者の錫の兵隊）。
四、天使（天使）。
五、あひるの子（みにくいアヒルの子）。
六、かゞり針（かがり針）。
七、まっち売りの少女（マッチ売りの少女）。
八、鴻の鳥（コウノトリ）。
九、マイアの冒険（親指姫）。
十、五十銭銀貨（銀貨）。
十一、赤いお馬。大畑訳本になし。

十二、「年」の話（年の話）。

十一の「赤いお馬」に関しては、原題は「きんぐとくゐーんとじゃっく」といい、生前は未発表で、没後大分経って肉筆本の形で発見され、当時の全集にも未収録と、鈴木三重吉は説明している。

この本の「アンデルセンのこと、なぞ」という前書きによると、収録十二篇のうち、ほぼ逐語訳といえるものが六篇、残りの六篇は子供向けに平易に再話したという。後者の再話は「秘密」、「一本足の兵隊」、「あひるの子」、「鴻の鳥」、「マイアの冒険」。

このうち「マイアの冒険」だが、物語は明らかに「親指姫」そのものなのに、何故改題したのかは説明がない。三重吉再話のヒロインは生まれた時にマイアと名付けられる。ところが大畑訳本では一貫して親指姫で、最後に、彼女が命を助け、彼女に幸福をもたらしてくれたツバメによって「マーヤ」の名を贈られたのである。鈴木三重吉は幼い読者が混乱するのを案じて、最初からマイアで通してしまったのか。それとも「姫」という呼称を敢えて避けて、平民性を強調したのだろうか。といっても、彼が選んだ他の作に、王様は何度か出てはくる。このマイアを妃に迎える小人の王様。「秘密」の〝支那〟の王様。「「年」の話」の季節の象徴たる王子－王と王女－王妃。「赤いお馬」のトランプのキングやクィーン。しかし、生身の若い王子・王女を彼は選んでいない。いずれにせよ、親指姫改名の真意は、今となっては測り難い。

広く知られた「あひるの子」の場合は、物語の展開の要所要所を巧みに抄録して、時には適度の加筆も施している。省略された寒い北の国の季節の移ろいは、みにくいアヒルの子の境遇の転変に応じて、鮮やかな印象を残すが、日本内地の気候の感覚ではない。

「まっち売りの少女」も特に有名な一篇。短い作品だから、こちらは逐語訳のほうで、それらは〈日本との習俗の相違上、そのまゝかいては、さはりとなるよう《ママ》な事柄や、子供に分りにくい表出なぞは、やはらげたり、はぶいたりしたものもあります〉という。この作品に関しては、目立った違いといえば、少女のはき物が木靴でなくスリッパと訳された点くらいか。だが、このスリッパは日本人に縁が薄い木靴の代わりとしても、適当とは思えない。

*

ところで、アンデルセン童話では「人魚姫」も代表作の一つではないかと思う。しかし、この作品はこの集には採られていない。確かに彼の初期のものとしては、異例の長さがある。この一冊に収めるには長すぎたのかもしれない。しかし、それだけ力作ともいえる。それがどうして外れたのか。何か鈴木三重吉の選択眼にそぐわないところがあったのか。

人魚の異形の肉体と高貴なイメージの姫という語の連合に躊躇したかもしれない。だが、竜宮の乙姫ならまだしも、この人魚の姫がリアルな人間的感情を持ち、人間の王子に女性として愛情を抱く、その心理の本当らしさに、鈴木三重吉は童話を超えた文学のあやうさを感じたのではあるまいか。彼が選んだアンデルセンには、母の愛情は存在しても、男と女の愛、恋愛的要素は排

読者カード

みすず書房の本をご愛読いただき，まことにありがとうございます．

お求めいただいた書籍タイトル

ご購入書店は

・新刊をご案内する「パブリッシャーズ・レビュー　みすず書房の本棚」（年 4 回 3 月・6 月・9 月・12 月刊，無料）をご希望の方にお送りいたします．

（希望する／希望しない）

★ご希望の方は下の「ご住所」欄も必ず記入してください．

・「みすず書房図書目録」最新版をご希望の方にお送りいたします．

（希望する／希望しない）

★ご希望の方は下の「ご住所」欄も必ず記入してください．

・新刊・イベントなどをご案内する「みすず書房ニュースレター」（Eメール配信・月 2 回）をご希望の方にお送りいたします．

（配信を希望する／希望しない）

★ご希望の方は下の「Eメール」欄も必ず記入してください．

・よろしければご関心のジャンルをお知らせください．
（哲学・思想／宗教／心理／社会科学／社会ノンフィクション／
教育／歴史／文学／芸術／自然科学／医学）

（ふりがな） お名前　　　　様	〒
ご住所　都・道・府・県　　市・区・郡	
電話　（　　）	
Eメール	

ご記入いただいた個人情報は正当な目的のためにのみ使用いたします．

ありがとうございました．みすず書房ウェブサイト http://www.msz.co.jp では刊行書の詳細な書誌とともに，新刊，近刊，復刊，イベントなどさまざまなご案内を掲載しています．ご注文・問い合わせにもぜひご利用ください．

郵便はがき

料金受取人払郵便

本郷局承認

5942

差出有効期間
平成26年11月
1日まで

113-8790

505

東京都文京区
本郷5丁目32番21号

みすず書房営業部
行

通信欄

（ご意見・ご感想などお寄せください．小社ウェブサイトでご紹介させていただく場合がございます．あらかじめご了承ください．）

除されているように見える。まして、それが王子や姫であれば、不敬な連想に及び、国体の安寧すら危惧されるのか。

顧れば少年の日、私が読んだ数あるアンデルセン童話のうち、最も心動かされたのは「雪の女王」であったと思う。これも「人魚姫」同様、彼の童話としては長いものである。しかし、この作品も三重吉は入れていない。

男の子はカイ、女の子はゲルダ。幼なじみの二人がいた。ところがある時、悪魔の鏡のかけらがカイの心臓にささって、彼は意地悪で乱暴になり、雪の女王にさらわれていく。それからはカイを探し求めるゲルダの遍歴の物語となる。そしてさまざまな童話的なシチュエーションを経て、雪の女王の城に辿り着き、熱い涙でカイの凍りついた心を溶かし、二人で故郷に帰る。二人はいつの間にか大人になっていたことを知る。

少年と少女であっても、これはやはり男と女の愛の物語に他ならない。しかも、どうやら小学生ともなれば、男の子の読者は相手役に女の子が登場することを、潜在的に望んでいたらしいと、今になって気がついた。しかし、そうした感情、心理は、鈴木三重吉の考える「童話」の領域からは、はみ出していたのだろう。そこに私たちは、彼が主宰した「赤い鳥」に代表される大正期児童文学の童心主義の特徴を見るのであり、それがその時代の中流市民の生態に対応した「家庭文学」であった必然を理解する。そのように考える私たちも、新制教育の男女共学が前提された「戦後」という時代の子であったには違いない。

それにしても、アンデルセンの「雪の女王」や「人魚姫」や「沼の家の娘」などに、彼ならではのロマンティックな個性は明らかだった。子供心に、イソップやグリムの世界とは異なる近代人の身近な心の働きが感じられた。つまり（何の証拠もなく言うのだが）、アンデルセンこそは世界的規模における、児童文学の最初の「作家」であった。

作家アンデルセンの作品は、もちろん「童話集」にとどまらないのだろう。だがその大半を私は知らない。「自伝」や森鷗外訳の『即興詩人』を読んだのは、大人になってからだった。だから『即興詩人』などは鷗外の文章という意識で読むようになっていた。それでは『絵のない絵本』が子供向けなのか、大人向けなのか。さまざまなシチュエーションに作者の詩心を流露させて、子供の読者を想定していないように見えるが、児童文学の延長で読まれることも多い。

世界の夜に遍照する月が、都会の若く貧しい無名の絵かきに語る幻想の物語。作者のイメージはしばしばエキゾチシズムに流れ、時に人生の苦い現実に触れたりもして、だが人間的なやさしさがロマンティックな憧憬を呼んでいるかのようで、それが彼の童話の本質にも通じるのであろうか。〈この世界の生活は、月にとっては一つのおとぎばなしなのです〉（第八夜、矢崎源九郎訳）

ところで、この物語を読むたびに、私はなぜか一つの歌を想い出す。「月の沙漠」。加藤まさを作詞、佐々木すぐる作曲。月の沙漠を駱駝に乗って行く王子と姫。その夢幻性とセンティメンタルな哀感が、『絵のない絵本』からいつかアンデルセン童話への連想を誘う。一九二三年（大正十二）作の、大正期に盛んになった創作童謡の到達点ともいえるこの歌に、アンデルセンの反響を聞く。

彼の童話に読む作家性とは、前時代の「家《いえ》」とは一線を画す日本の都市近代の「家庭」の生活に通じ、さらには、それが成立した大正という時代の文化「大正浪漫」に働きかける美と感性の先導者でもあったのだろうか。

『小公子』『小公女』をめぐる女性たち

今回も古本屋で手に入れた一冊の本から話を始めたい。実を言うと、もう何年もテレビと新刊書店には無縁になっている私である。本との出会いは古本屋に限られる。書物の真価は新しきが故に尊しとせず、時間の淘汰に耐えて顕現するものである。

とりわけ私が愛着するのは、気のきいた古本屋なら店先に並べている百円均一本というやつで、そこから随時随意に引き抜いた無限定の雑本にこそ、読書という行為の無償の本懐があると知らねばならない。

その百円古本に、岩波文庫のバアネット著・若松賤子訳『小公子』があった。一九二七年一刷、三九年改版十三刷、五〇年十六刷と奥付にある。つまり岩波文庫発刊の年の最初期の刊行で、戦後に復活したものか。それも五〇年代的現象だったのだろうか。だが、現役の布陣からは消えて久しい。

岩波少年文庫では、一九五四年に吉田甲子《きね》太郎訳の『小公子』、吉田勝江訳で『小公女』を加えている。しかし、私が読んだのは創元社版「世界少年少女文学全集」だっただろう。一九五三年刊。川端康成・野上彰訳とあるが、川端はどこまで主体的に翻訳にかかわったのか。

若松賤子の訳は一八九〇年から「女学雑誌」に発表され、九二年に前篇が、没後の九七年に全篇まとめて出版された。『小公子』と『小公女』は一九二七年に「小学生全集」（前回参照）で、菊池寛訳で出ている（実際には佐佐木茂索訳らしい）。若松訳の岩波文庫より三ヵ月前で、一九二四年生まれの吉行淳之介少年が愛読したのは、こちらであったろうか。

さて、私は、百円で買った旧岩波文庫版で、小学生以来の『小公子』を通読してみたのである。そして、まず第一に、若松賤子の訳はなるほど名訳であると感じ入った。言文一致体の日本語としてさほどの違和感なく読み通せたのだから、明治半ばの文章では、やはり特筆すべき達成ではなかろうか。近代日本の小説翻訳文体は、一九〇八年頃から発表され始め一五年の『諸国物語』に集成された森鷗外において、完璧な形に確立したと私は考えているが、若松賤子の短い生涯での仕事は、日本語の文章表現の歴史に確固たる足跡を残したといえるだろう。

若松賤子、本名巖本嘉志子については、夫の巖本善治が岩波文庫本の「後序」に記している。一八六四年に生まれ九六年に没す。フェリス女学校に学び、のち同校で教鞭を執り、八九年巖本に嫁す。英語には頗《すこぶ》る堪能で、英文の文章も発表し、『英文巖本嘉志子』の著書もあるという。胸を患って短命に終わらなければ、明治文壇に、より本格の近代をもたらした女性であったかもしれない。思えば私たちの歴史とは、早過ぎて生まれた人々の早過ぎた死の先の可能性、夢の果てを生きることでもあったのか。

＊

ところで、この『小公子』の物語を、子供の私はどう読んでいたのだろうか。バーネット夫人の原作の出版は一八八六年（若松賤子の翻訳はその四年後から始まっている）。それだけに、この作品ではお伽噺の尻尾は完全に取り払われて、より現実らしい環境で現実らしく人間が活動する。

アメリカの都会の町っ子で七歳の少年セドリックが、イギリスのドリンコート伯爵の孫で、後継ぎとなるフォントルロイであることがわかり、若き未亡人の母とともにイギリスに渡る。セドリックの疑うことを知らぬ無邪気さが、頑なで狭量、人間嫌いの老伯爵の心を動かし、一同幸せな結末に至る。

物語の興味は、セドリックがいかに凍りついた祖父の心をやわらげていくか、そしていつ最愛の母を伯爵が亡き息子の嫁と認めて受け入れることになるか、にあるようである。それだけでは展開が平坦すぎるから、終盤に贋者を登場させて一波乱を起こしてのち、一件落着としたのは物語作者の本能と思える。

しかしながら、その昔、読者の私はこの物語に全面的に納得しなかったような気がするのである。それは主人公のセドリックがあまりにも理想的で、欠点がない子供だったからではないか。美少年で、かけっこは一番、頭が良く、大人相手でも臆せず、しかも素直な性格で、母親思い、女の人には可愛がられる。同じ位の年齢だった私を含めて（どちらかといえば出来のいいほうだったつもり）、私の周りにも、そんな子供はいなかった。適当に欠点があるところに共感と親しみが持て、そのような読物は私の好むところであったから、どうやらわが文学趣味はリアリズム派だったらしい。人間は幼くても幼いなりの悩みを生きているのである。

『小公子』で一番楽しい人物は、昔も今も食料品屋のホッブスおやじ。徹底した貴族嫌いで共和主義者だったのに、イギリスに行って貴族大好きになってしまうのが愉快である。今度読み直して（岩波少年文庫の吉田甲子太郎訳も併読した）、この作品の隠しテーマはイギリス人とアメリカ人のコントラストではないかという印象を持った。形式張ってはいるがそれなりに安定した大英帝国気質と、率直で明るく開放的なヤンキー気質。前者を代表するのがドリンコート伯爵や弁護士ハヴィシャム氏であるとすれば、ホッブス氏や靴磨きのディック少年は後者の典型。双方を結びつけるところにセドリックがいた。そういえば、作者バーネット夫人はイギリス生まれで、少女時代にアメリカに移住した人であった。

フランシス・ホジソン・バーネット（一八四九―一九二四）。彼女は二つの国をよく知っていたのである。どちらかといえば、生まれ故郷のイギリスびいきかもしれない。『小公子』の二年後の作『小公女』はイギリスの植民地だったインドからイギリスにやってきた少女がヒロインで、舞台は終始ロンドンを離れない。

『小公女』は、私としては『小公子』より好きな作品だったし、今でもそうである。物語の曲折があり、登場人物も多彩になっている。お金持ちの娘としてロンドンの学校に預けられた七歳の少女セーラ・クルーが、王女の如き境遇から、一転して零落して下働きの身に突き落とされる。最後には奇しき偶然から、元の身分に返り咲くのだが、その落差の大きさと、逆境に耐えるいたいけさが読者の心に響くのであろう。かわいそうな少女が、これでもかこれでもかといじめられるのは何やら新派悲劇にも通じるようである。

それに一九五〇年代の日本に生きていた子供には、お金持ちの話よりは貧しき人々のほうが身近だった。裕福ではなくてもそこそこの育ちかたをした私でも、周囲に貧困の状況を見聞することは少なくなかった。それをひとごとではなく思える感覚を、あの頃の子供たちの多くは持っていたのではなかったか。

悪役の女校長ミンチン先生やいじめグループの女の子たち、一方で善玉のアーメンガードやロッティ。その中でも最も印象的なのは、下層階級の人間として蔑視され酷使されるベッキーではなかろうか。彼女が不遇のセーラの最大の味方になる。それはこの作品が持つ力のありかを示すようである。

逆境にあっても明るさと前向きの気持ちを失わないセーラは、無一物になっても想像力のみで王女のような「つもり」であり続ける。しかし、絶望にうちひしがれる時もあったのである。

＊

『小公女』は一九三九年にアメリカで映画化された。当時最高の人気子役シャーリー・テンプルの主演。もっともこの映画は、私たちが知る原作の筋とはいくぶん変えられていた。時代設定が一八九九年、南アフリカ戦争（ボーア戦争）を背景とし、父クルー大尉は出征して重傷を負い、記憶喪失となる。死んだと思われた父をセーラが必死で見つけ出すヤマ場には、ヴィクトリア女王まで出動させるが、父が異郷で客死する本来の悲劇性に比べて甘い解決である。セーラをめぐる人間関係も簡略化され、不幸が心にしみてこない。同情心を唆《そそ》るにはいじめが足りないのである。従って、彼女の性格の強さ、健気な美点が充分に伝わってこない。もっと悲嘆のどん底に突き落としてこそ、最後の大逆転ハッピー・エンドが生きたであろうに。

一九二八年四月生まれのシャーリー・テンプルはこの映画（三九年三月公開）では十歳で、三五年から四年連続マネー・メーキング・スターの首位となった彼女にも、子役の限界が近づいていた。四〇年代には事実上「シャーリー・テンプル時代」は終わっていた。彼女が映画界を引退したのは一九五〇年だった。

ところで、『小公女』の記憶といえば、もう一人の子役少女が想い出される。奇しくもテンプル引退の年に映画デビューした松島トモ子。この目ばかり大きい、小柄でかぼそい、都会的で西洋人形のような女の子は、五〇年代を通じて日本の大衆的児童芸能文化の最高のアイドルではなかったか。

特に、この時代に数多く作られた母物映画の子役として、松島トモ子は引っ張り凧だった。実の母娘でありながら離れ離れで生きねばならない境遇を、さまざまなメロドラマ的状況が強調する。そのかわいそうな女の子に、幼く可憐な彼女（小さいので実年齢より幼く見えた）がぴったりはまっていた。これは『小公女』のセーラの逆境にも通じていたであろうか。

日本語映画に『小公女』と題したものはない。ただ私は、妹が読んでいた少女雑誌の写真物語で、彼女が翻案されたこの物語のヒロイン役に扮していたことを記憶している。彼女をいじめる女の子役の一人が、確か宝塚劇場の火事で焼死した時で一九五八年の初め、彼女も私も、小学校六年の終わりの頃であったか。

この時代は実は少女童謡歌手全盛時代でもあったのだが、その中でも松島トモ子は少女雑誌の表紙を最も多く飾るトップ・スターだった。『たん子たん吉珍道中』、『赤いカンナの花咲けば』、「サザエさん」のワカメ、「鞍馬天狗」の杉作、「丹下左膳」のちょび安——。一九五〇年代を語る時、同世代の私たちはトモ子ちゃんの存在を逸することができない。もともと彼女を売り出した母物映画があれだけ多くの観客に愛好されたというのも、戦争の不幸を背負って、親を失い、あるいは親と別れて生きねばならない境遇の子供たち、浮浪児、戦災孤児がいた世相と無関係ではなかったのである。彼女の父もシベリア抑留から帰らなかった。そして世相が脱戦後に向かった六〇年代とともに、「松島トモ子の時代」も私たちの世代の思い出に閉ざされてゆく。

バーネット夫人には『小公子』『小公女』の他にもうひとつ『秘密の花園』（一九一一年）という名作がある。これを第一と推す人は多い。私も同意見である。だが、小学生の私は読む機会がなかった。一九五四年初版の新潮文庫の訳者龍口直太郎による解説によれば、これがこの作品の最初の完訳なのだという。仕方がない。私が大人向けの文庫本に親しむのは、中学に入ってからなのだから。

『三太物語』に読む「戦争と平和」

いちど道志川《どうし》を見ておきたいと思った。あの『三太物語』の舞台装置である。

梅雨の晴れ間らしいその日、気が向くままに京王線で高尾に出た。ここで中央本線に乗り換えて、ひと駅先が相模湖駅。かつての与瀬駅だろうか。駅前からバスで十五分程、道志橋という停留所で降りる。降りたのは私一人。橋のはるか下を流れているのが道志川に違いない。山梨県道志山地に発して七〇キロ。相模川に注ぐ少し手前。堂々たる一級河川である。

バス道路から旧道を下る。クルマの往来はあっても、歩く人間は私以外にはいない。それでも十数分で、つづら折れの道の先に駅の横の観光案内所で教えられた「三太旅館」が目に入った。『三太物語』関係ならここで聞けばいいとのことだった。

ところが、呼べど答えず。まったく開けっ放しで無人の様子である。もっとも、こんな所までわざわざやってくる泥棒もなさそうだし、どだい泊まり客があるのだろうか。バスで来る間も、コンビニは駅近くの相模湖公園にあったきりで、自販機すらその先に二ヵ所も見たろうか。川原には釣り人が二、三人。両岸は緑の森。六十年前の『三太物語』の頃は、はるかに山間僻地の趣を残す世界であったろうと想像した。今では歩く途中でセメント工場があったし、老人たち七、八人がゲートボールをしている姿も見た。思えば彼らは三太世代ではあるまいか。

無目的、無意味な行動にこそ、人間の存在証明を認める私は、なお小一時間は川沿いを歩き回っていたのだが、旅館の玄関脇の石碑の文言だけは、一応書き写しておいた。

「おら三太だ
　ここが道志川の主
　仙爺さまの家だ
人玉になる術まで使い
川の見廻りに出たんだ」
　裏面には
「三太物語り発祥の地　三太旅館主
神保敏夫　妻カツ子（仙爺の娘）」
とあった。

物語では仙爺は三太の本家の老人で、三太は孫にあたる。三太は作者の創造した人物だが、仙爺にはモデルがあったことになる。因みに、この旅館の開業は一九四九年。『三太物語』の連作が雑誌「赤とんぼ」に発表され始めたのは、四六年からであった。

私がその場所（神奈川県津久井郡津久井町（二〇一〇年より相模原市緑区））に出かけたのは、意識的なフィールド・ワークではない。ただ、身体を動かすリズムで文章を書き出すはずみにしたかったまで。

＊

青木茂（一八九七―一九八二）の「三太」シリーズが最初に出版されたのは一九四八年『腕白物語三太武勇伝』（光文社）であるが、広く知られるのは一九五〇年一月から五一年十月まで、NHKの子供向けラジオドラマになってからだろう。人気番組で、それからも何度かラジオに登場している。「おらァ三太だ」という冒頭の主人公の語りかけは、私もいつの頃か親しんでいた。

連続ラジオドラマについては、以前に書いたことがある（「ノーサイド」一九九六年二月号「懐かしのラジオディズ」）。そこで私は『三太物語』の特徴を〈「鐘の鳴る丘」や「さくらんぼ大将」の子供像が、何がしか大人の論理で意味づけられた存在だったのにくらべ、「三太」の子供たちは、限りなく子供に近い視点でとらえられていた〉と記し、〈すべては田舎の小さな村の出来事〉で、〈都市文明に全面的には屈服していない、（略）人々は現実の世相に相渉《あいわた》りつつ、なおフォークロアの世界から完全に醒めきってはいない。自然と人間が同格で共生するこの村は子供たちの汎神論的聖地であり、敗戦を実感的に体験した大人たちには、国破れて山河在りの感慨にいざなう空間でもあった〉と論じていた。そして原作者の〈敗戦によって自信を失い、外国追随に陥った日本人に対し、日本のよさを再認識させ、それを子供たちに伝えていきたい〉という願いを証言として引用した。

確かに『三太物語』は、当時の都市の占領下モダニズムの風潮に対して、アンチテーゼ的な土着性に依拠した世界であった。

『三太物語』を読み直してみた。しかし、何を読むのか。ラジオ台本に基づく『三太物語』が一九五〇―五一年に四冊出ている（宝文館刊）。五一年には『小説三太物語』（光文社刊）がある。連作中の十二篇を収める。その後もさまざまな形で、全集・叢書などに収録されている。今、私の手許にあるのは一九六一年刊の平凡社版「世界名作全集」第五十巻収録のもの。他に『風の中の子供』『二十四の瞳』と併せて児童文学の一巻をなす。その時点での『三太物語』の大衆的認知を示す選択だろうか。先の『小説三太物語』をベースに十一篇を選んだらしい。これが「三太」のすべてではないにせよ、一応の概略を知るに足りるとしておこう。

主人公の三太は村の小学生（高学年）。腕白小僧だが級長でもある。同級生の定、留、花子などがふだんの遊び仲間。ひとクラス二十二名。受持ちは東京から赴任してきた若くて美人で泣き虫の花荻先生。校長先生以下何人かの先生がいるようである。三太は水車小屋の粉屋の息子で、本家には祖父の仙爺が健在である。村長さんも顔なじみ。村人の中でも、音さんや強羅さんなどが、いわばレギュラー・メンバーというところ。三太を中心にして、人々が起こす珍談、ユーモラスな小事件の連鎖が『三太物語』を構成するのである。だが、この村は一日三回バスが往復する程度には「町」との通交があり（音さんは自転車で八王子？の競輪場に行くこともあるらしい）、それなりに時代の息吹に触れてもいる。ともあれ、村の生活はのどかで平和。

これらの物語には二つの核があるようである。一つは道志川及び川沿いの後背の森。未だ文明に侵略されない自然、「うさぎ追いしかの山、こぶな釣りしかの川」（唱歌「ふるさと」）そのままの世界。もう一方の極にあるのが学校という社会であろう。「三太ウナギ騒動」にその構造の典型的表現を読む。

三太はおとうにいわれて、浄水場のある水道部（ここから道志川の水が横浜方面に供給される）に粉を届けに行く途中、排水口の土管に大ウナギを発見する。餌にするヒルを隣りの沼本村の田んぼでとり、置き針を仕掛けて、翌朝首尾よくつかまえ、風呂敷に包んで縛って、学校へ行き、音楽室の釘にかけておいた。花荻先生は唱歌が得意で、この日は二部合唱など教えている。ところがオルガンの下をのぞいて失神してしまった。三太の知らせで男の先生たちがかけつける。いたのは大ウナギ。花荻先生はヘビと間違えたのだった（ヘビは今でもこの辺に出るらしく、私が歩き回っていたら「ヘビ、ハチに注意」という掲示があった）。三太も今更白状できない。ウナギは教員室に連行され、先生たちの投票で死刑に決し、早速「火葬」の上、食べられたらしい。

「三太カッパ退治」の巻は、川を中心とした子供たちの自然との交歓を如実に描き出す。男の子はふんどし一つ。ガラスの覗き箱で川を覗いて魚をヤスで突く。ところで昔から道志川にはカッパが多くいたという。そしていろいろわるさをした。留のおとうは尻子玉を抜かれるところだった。三太はカッパ退治にカッパ淵に出かけるが、深みに引き込まれてしまう。不思議なことにそこでは魚の言葉がわかるのである。ようやく浮かびあがった三太だが、気を失ったまま。仙爺がかけつけて事なきを得た。

ここには、なお古き日本の土俗と伝承に通じる感覚が生きている。川沿いには桑畑があって養蚕が行われているし、鶏や兎や山羊を飼う家も多い。三太の家の鶏は狐にとられてしまった。山にはモモンガーだっている。おとうは冬場は猟の案内をする。農家は旧暦が基準であり、水不足の夏は雨乞いの相談もある。

＊

しかし『三太物語』の本領は、意外にも、過去に向かう視線にのみあるのではない、というのが現在の私の意見である。

この村も、もはや昔ながらの村ではない。三太曰く「近ごろは男も女も、まして子ども、赤んぼまでも平等の権利」。文化の日には、おかあだってパーマをかけたいと言い出す。その日、バス停横の掲示板には三太の作文が貼られた。ＰＴＡ会長の強羅さんは迷信打破会会長でもある（そのため人気がなくなって県会に出られないそうだが）。

「三太大つづら」の巻では、学芸会で劇をやることになる。学校にはいろいろな部があって、絵画部は背景を描き、新聞部は脚本のガリ版刷りや案内状を担当する。脚本選びから演出まで、すべて生徒が行う。演出者は三太に決まった。図書室で「学校劇のしかたと脚本」という本を見つけて、「舌切り雀」を新解釈で上演する。最後は総出で歌とスクエア・ダンス（指導は花荻先生）。いかにも新時代、民主主義ならではの風景というべきではあるまいか。『三太物語』は明らかに戦後の創造物なのである。

ところが、当日、小道具のつづらが紛失している。芝居を中断して捜索した結果、森の中で一人の若者が寝ていて、脇につづらが置いてあった。学校の小使いさんが言うには、彼は以前は村の模範青年だったが、長い間戦争に行って、帰ってからは正気を失っているそうな。無事つづらが戻って、芝居は再開。そして最後の子雀の合唱の場面で、若者は昔、この学校でこの歌を唱ったことを想い出したのである。彼は兵隊時代、満洲で、命令で徴発に出て、農民には命より大事な種モミを奪った。だが自責の念にかられ返しに行こうとして、見つかってさんざん殴られて記憶を失った。以来、帰還しても箱のようなものを見ると、持ち出して返しに行きたくなる。それが子供たちの歌に接して失われた記憶が甦った。

「三太ローレライ」も、相模湖（ダムによる人造湖）に沈んだ村で、兄が召集されてまだ帰らないという娘が、満月の夜に今は湖底のかつての鎮守様の上に来て、帰還を願うという話。

『三太物語』は単なる古きよき日本を語り伝えるだけの物語ではない。一見のどかな村の平和な生活も、実は戦争の傷跡の上に築かれた「日本人の戦後」だったのである。

さて、三太は「おら」と自称する。あの頃、私たちは自分たちを何と言っていたろうか。オラもまだ多かったが、もう泥臭い感じだった。男の子同士はオレと言い合っていたと思う。ボクは東京の方から来る、よそ行きの言葉。

「ぼくら」という少年雑誌があった。五〇年代後半の子供向け連続ラジオドラマ、『少年探偵団』の主題歌は「ぼ、ぼ、ぼくらは少年探偵団……」、『赤胴鈴之助』では「……僕等の仲間、赤胴鈴之助」。その意味でも『三太物語』は戦後の、特に一九五〇年前後の気分を強く伝えるものであった。

ロビンソンと末裔たち　漂流綺譚三代記

児童読物といっても、本来は大人向けの文芸作品でありながら、子供たちにも親しまれてきた「物語」は少なくない。猿の孫悟空が活躍する『西遊記』、風車と戦う『ドン・キホーテ』、小人国や巨人国に旅する『ガリヴァー旅行記』、さらには『モンテ・クリスト伯』（巌窟王）『オリヴァー・ツイスト』『アンクル・トムの小屋』『坊ちゃん』、シャーロック・ホームズなどなど。抄録や再話もあったのだろうが、とにかくそれらを私は小学生時代に知ったのだった。

その中でも『ロビンソン・クルーソー』は印象に残る一篇となっている。イギリス、ダニエル・デフォーの一七一九年の作。絶海の孤島に漂着した主人公が、全く無人の土地で、誰の助けもなく、たった一人の才覚で衣食住をはじめとして人間らしい環境を創造していくストーリィは、冒険物語として面白かっただけでなく、どんな境遇にあっても失われない人間の勇気と能力を教えるものであった。彼の発想、行動が与えられた条件の下で非常に理詰めであり、その描写が実に克明なので、真実の記録のように思えた。その過程を積み重ねた上で、蛮人フライデーが出現し、物語は一気に動き出す。読者としても待ち望んだ展開となる。

もちろん、私が最初に読んだのは子供向けの短縮版だったに違いない。後年、全訳に接して、ロビンソンが島の生活の中で、次第に神の摂理を知り、信仰に目覚めていく経緯もこの作品の一つの要素であることを知るのだが、それは全然記憶にはなかったのだから。もっとも、そんなところは、子供の読者はいい加減に読んだに決まっているけれども。

それに原作では無人島の二十八年間の前後にも話がある。ヨーロッパ文明大陸に帰還してからも、帰国途中の雪中の山越えで狼の群れに襲われたりするのだが、あらずもがなという気がしないでもない。この物語は、やはり無人島での孤独な人間記録、「漂流記」が最大のテーマなのである。この本が『ロビンソン漂流記』の訳題で出ることが多いのも当然だろうか。

今考えれば、未開の孤島に流れ着いたとはいえ、ロビンソンは決して文明と隔絶した存在ではなかった。うまい具合に、難破した船が比較的近くに吹き寄せられて、必要最低限の物資を調達できたのだし、それまでの二十数年の前半生で習得、見聞した知識が、無から有を生む知恵となって、生存の可能性を高めるのである。

それよりも、子供の頃には思ってても見なかったことだが、現代の大人の読者としては、この「小説」にまるっきり女性の影が、暗示的にすら射していないのが奇異に感じられる。ロビンソンは帰国後、結婚して子までもうけるのに、それは単なる事実として報告されただけ。それよりも、彼が二十八年の島の孤独の生活の中で、異性について思いわずらったりした記述は皆無なのである。この感想はフロイトやD・H・ロレンスに毒された現代人の病理なのであろうか。いや、シェイクスピアだってゲーテだってジェイン・オースティンだって、男と女がいて成り立った文学ではないか。だが、その問題を度外視したところに、この作品が児童読物として永遠に読み継がれるゆえんがあるのかもしれない。

しかし、今回読み直して、それ以上に感慨を覚えたことがある。それは物語の冒頭、ロビンソンが父親に中流か下の上くらいの安定した生活を強く勧告、懇願されたのを振り切って波乱と冒険に憧れて故郷を出奔する件りである。さらにブラジルで成功しながら、またもや船に乗り込んでしまう心理である。つまり、彼はどうにもカタギの人生に落ち着けない。流浪のヤクザな稼業に身を投じてしまう。その結果としての孤独な流刑は、もの書くことを異形の芸能者の孤独な所業と心得る私にとって、ひとごとでない思いが去来するのを禁じ得なかった。

＊

ところで、開高健の小説に『ロビンソンの末裔』（一九六〇年）と題する作がある。敗戦間際の日本で、被災難民処理と食糧増産の名目で、北海道入植が進められる。それに応じた人々がロビンソン・クルーソーの如く全くゼロから荒蕪の地の開拓に挑み、ヘラ辛《から》い（北海道弁）目に遭う実話を基にしたもの。舞台は無人島ではなく、純然たる大人のための作品で、私も大人になって読んだのだが、ロビンソンの苦難が一つの祖型となって継承された例証だろう。原典のおよそ百年後には『スイスのロビンソン』という家族ぐるみ漂流記が現れた。アメリカ産テレビ・シリーズで『宇宙家族ロビンソン』なるSFものも見た。

だが、それらロビンソンの末裔たちの児童向け代表者は、やはりジュール・ヴェルヌ作『十五少年漂流記』（一八八八年）に指を屈すべきだろうか。私も少年の日、時を忘れて読み耽った想い出がある。原題を直訳すれば『二年間の休暇』となるそうだが、日本では一八九六年、森田思軒の名訳（英訳からの重訳）『十五少年』（まさに名訳なり）の声価動かし難く、『十五少年漂流記』の訳題が定着している。

ロビンソンの無人島上陸が一六五九年九月三十日と、もっともらしく明記されているのに倣ってか、この物語では一八六〇年三月九日が第一日目の日付である。ただし、元祖は大人とはいえたった一人。こちらは最年長が十四歳（森田思軒訳では数え年だから一つ多い）、全員子供ながら十五人の多勢。束になって挑戦する。

出発したのは大英帝国支配下のニュージーランド。当然、イギリス人の少年が多い。中で最年長のゴードンだけがアメリカ人、ブリアン（十三歳）とジャックの兄弟がフランス人。一人だけ黒人の見習水夫モコ（十二歳）がいる。リーダー格は年長組の三人、沈着冷静なゴードン、勇敢で年少者への思いやりがありモコとも仲がよいブリアン、それにイギリスのドニファン（十三歳）。ドニファンは頭脳優秀、だが人気のあるブリアンへの嫉妬心が強く、何かといっては異をたてる。他にバクスター（十三歳）には技術家的才能があり、ユニークな存在である。

この小説が基本的にロビンソン体験をなぞって進行するのは明らかである。全員子供ばかりで女っ気はない。最後にケートという女性が登場するが、母親的存在だろう（彼女とエヴァンスという船員と悪漢たちの出現も、ロビンソンにおけるフライデーやイギリス人船長対造反水夫たちと物語構造は共通している）。子供ばかりだから、性的関心が描かれなくても不自然とはいえない。確かにこの作品は読者層に児童を想定した少年冒険小説として書かれたと推測できる。それ故だろうか、大人になって再読して、子供の頃に読み取った以上のものを得られなかった気がしたのも否定できない。

いずれにせよ、「十五少年」の「ロビンソン」と異なる感興は、集団生活という点にある。とりわけブリアンとドニファンの対立、確執は一篇を貫く物語的動因なのである。不満を抱くドニファンは仲間を語らって分裂行動に走る。だが、野獣に襲われて危機一髪のところをブリアンに助けられ、心を改めて帰順することになる。正義は勝つ。『十五少年漂流記』は、遂に勇気と知恵、友情と団結によって苦難を乗りこえハッピー・エンドをかちとる、すぐれた冒険物語、少年読物であった。『ロビンソン・クルーソー』と違って、ここには神への信仰、宗教の問題は出てこない。科学の世紀。科学小説の元祖、ジュール・ヴェルヌ。進歩の時代のオプティミズム。

ただ一つだけ、昔から気に入らない点があった。それは最大のヒーローがフランス人で、仇役《かたき》がイギリス人という設定なのである。小学生の私は、作者がフランス人だから、同国人にいい役を振ったのではないかと邪推したわけである。その時分から、私は愛○心とやらがとことん嫌いな人間だったらしい（最近のオリンピックやW杯は一度もテレビを見なかった）。

＊

しかしながら、漂流記の系譜はメデタシ、メデタシでは終わらない。大量殺戮時代の二十世紀においては。

一九六〇年代の前半、私が当時でいうハイティーンの年頃になって、二十世紀の世界文学を紹介する二つのシリーズが出始めた。白水社の「新しい世界の文学」と集英社の「世界文学全集」。早速飛びついたものである。その後者のほうで、衝撃的な作品に出会った。ウィリアム・ゴールディング作『蠅の王』（一九五四年）。芸術性以前に、その内容によって。それはまさに『十五少年漂流記』の裏返し、負の「十五少年」に他ならなかった。

実際には、この小説はR・M・バレンタインの『さんご島の三少年』（一八五七年）を下敷きにしたとされる。これは三人の子供が助け合って、島を楽園にするという話らしい。ゴールディングはそれを逆手にとって、逆ユートピアの悪夢を創出したのである。とはいえ、二十世紀らしく航空機の事故で孤島に生き残ったのは少年二十一人。「十五少年」と近似の状況であろう。そしてひとまず「十五少年」的に彼らは生活を開始する。

しかし、牧歌的とさえ見える状況は次第にきしみ、歪んでいく。「十五少年」のブリアン型リーダーのラーフ、知性派だが現実に対し無力なピギー、そしてラーフの宿敵でドニファンを想わせるジャック。「十五少年」では確執やトラブルはあっても最終的には人間の善意が勝利を占めた。だが、ここではそうはいかなかった。豚狩りにはじまったジャック一派の血の讃美の誘惑は、じわじわと少年たちを汚染する。「十五少年」では彼らの間に死者は出なかった。『蠅の王』は、まず最初のほうでアザのある年少の子供の行方がわからなくなる。不吉な前兆。蛮人のようなペインティングの無名性によって少年たちの野性が目覚め、理性や良心は埋没し、倫理や道徳は崩壊する。孤独で風変わりなサイモン（聖性の象徴と解釈されている）は惨殺され、次いでピギーも犠牲になる。そして孤立したラーフを追って、人間狩りが行われる。

思えば「十五少年」のドニファンにもその傾向はあったのかもしれない。それでも究極の良識、道徳観がそれを抑圧し、悪の芽は除かれた。しかし、『蠅の王』では邪悪が席捲し、少年たちは好むと好まざるとにかかわらず、悪徳の栄えに同調していくのである。われらが愛すべきロビンソンの末裔たちの世界は、今や暴力と殺戮のとめどない悪意の連鎖に変貌した。しかし、そこには人間性の真実を問う、痛苦にみちた問題提起が潜んでいたといわねばならない。

現実の人間社会は正義や善意とは無縁に運行する。そしてわれわれはそれに加担して生きている。『蠅の王』とは、『十五少年漂流記』に代表される、少年読者が好む「漂流記」冒険奇談の物語的伝統をふまえつつも、大人に向けて書かれた、逆説的な倫理の書に違いない。五〇年代児童が六〇年代に入って知った、それは読書「少年期の終わり」を確認した一冊でもあっただろうか。

銀のスケートはわが蘭学事始

暑い、いや熱い日が続いた。地球狂乱の夏。老人たちの話でも、昔はこんなことはなかった、三十度以上にもなれば、暑いと言ったものだという。それが正常な感覚であろう。熱中症を免れたのは運が良かっただけ。こんな病名（?）が流行《はや》り出したのも、そう古いことではない。何せ人間がこの世を益々暑くしているのだからやり切れない。

私が生まれ育った北海道東部のK市では、海霧《ガス》の影響もあって、短い夏でも二十五度を超えることなど、まず無かったと記憶する。上京して、その倍以上の歳月を東京で暮らしていながら、内地の夏には未だに適応できないのである。

もちろん、北国の冬は寒かった。海に面した漁港なので、道央地方のような厳寒ではなかったが、道路は雪が凍りついて、滑り止めに坂道には砂やストーブの灰が撒かれた。学校のグランド（グラウンドとはいわない）に先生たちが、夜、何日か水を撒けば、自然にスケートリンクが出来てしまう程度には寒かった（因みに北海道では内地より夏休みが短く、その分冬休みが長い）。スケートは子供たちの冬の遊びの一つだったし、町の高校など、特にアイスホッケーでは全国的な強豪校として知られていた。もっとも当時の多くの子供にとって、本式の靴付きスケートは高嶺の花。大抵は金具を靴に縛りつける簡便なものを用いていた。一九五〇年代といえば、まだ運搬手段として馬車が現役で、冬は馬橇《ばそり》になった。雪道を馬橇が行く光景は忘れ難い。

私はスケートはまるで駄目だったが、それでもそんな環境に生きていたせいで、岩波少年文庫の『ハンス・ブリンカー』は、やはり身近な思いで読んだのである。この本は、のちに『銀のスケート』と改題されたように、スケートをする少年少女が活躍する物語である。

舞台はオランダ。それまで私が読んでいた外国の作品といえば、やはり英米仏独のものが多かった。イタリアやロシアもあった。アンデルセンは北欧デンマーク。だが、オランダは初めて知る国だったと思う。

考えてみれば、江戸時代、鎖国の頃に、その国は唯一通交があった西洋の国だった。明治以後は影が薄くなったとはいえ、オランダは南洋インドネシアを植民地としていたから、日本軍政の南方戦略に抵触する関係であった。ABCD包囲網。その関係も消滅した戦後の日本人にとって関心から遠ざかっていただろう。まして地方都市の中の小さな地域社会が、日常生活の全世界だった子供たちにおいてをや。それは何も私一人に限るまい。そして私がこの物語で知ったオランダは、私たちの町のように冬は寒く、スケートが盛んな国であった。運河が発達して水路が都市と都市を結び、そこが冬には凍結して、人々は普通にスケートで往来する。たぶん今ほど暑くなかった、十九世紀の中頃の話である。

＊

兄のハンスは十五歳、妹のグレーテルは十二歳。この妹の名前がグリム童話の「ヘンゼルとグレーテル」と同じなので、親しみがあった。ブリンカー家は貧しい。父親が堤防の工事で頭に怪我をして、十年来正気を失って働くことができない。母親が細々と生計を立てている。最近は力仕事の稼ぎはハンスが引き受けるようになった。でも、その程度では、兄妹は鉄のエッジの本物のスケートは買えないのである。二人のスケートは、ハンスが堅い木を削って作った木製の代用品。これでは長く滑走できないが、貧しい彼らには精一杯の工夫であった。父ブリンカー氏が家の周囲に埋めたという一〇〇〇ギルダーのお金が見つかれば、何のことはないのだが、記憶は戻りそうにない。近くスケート大会が開催されて一等の賞品が銀のスケート靴だと聞いても、彼らにとっては夢のまた夢。

ところで、世の中には貧しき人々もいれば、お金持ちもいるのである。兄妹に同情した一部の裕福な家庭の子女たちのはからいで、ハンスが得意の木工細工でスケート代を稼ぐことができた。そして彼はアムステルダムにスケートを買いに行く途中（もちろん凍結した運河を、例の木製スケートで）、高名な医者のブックマン博士に出会う。ハンスの懸命な頼みで、博士は父を診てあげようという。少年がどこか、消息不明の息子の面影に似て、心を動かされたのである。これが物語の結末の伏線になるのだが、そこに至るまでの進行は、この父親の病状の経過と、スケート大会、銀のスケートの行方という興味によって導かれていく。

しかしながら、この作品にはもう一つのテーマがあった。それは読者にオランダという国を紹介することである。

『ハンス・ブリンカー』は、実はアメリカ人女性メアリー・メイプス・ドッジ夫人（一八三一—一九〇五）が英語で書き、一八六五年にアメリカで出版された。当然、想定された読者は（オランダ系移民は多かったけれども）オランダの国柄に馴染みは薄い。ドッジ夫人は周到な調査をした上で、作中にその国の歴史と地理と風俗、生活の記述を織り込んでいる。岩波少年文庫版の訳者石井桃子は、その辺は多少省略して訳したようである。

国土の主要部分が海面より低いこと、堤防や運河の発達、排水のための風車の林立（今では観光用に残っているらしい）といったオランダ的特徴は、私にとってこの国についての最初の知識になった。だが、いくつかの都市を巡る少年たち（貧しい主人公ハンスは仲間ではない）のスケート旅行のエピソードは、この本でかなりのスペースを占めるのに、半世紀余り経って、記憶から完全に脱落していたのだった。

この部分は、たぶんオランダ旅行案内、名所紹介を意図したのであろう。彼らの町ブルックからアムステルダムへ、スケートで三十分。美術館を見学。さらに一時間でハールレム湖へ。十六世紀以来のオランダ人のチューリップ熱が語られる。ハールレムの教会の大オルガンの壮麗な音楽。彼らが印刷機械の発明者と信じているラオレンス・ヤンスゾーン・コスラルの銅像。ライデンへは氷の上を帆を張って滑走する氷船に乗る。そこにはエジプト博物館や生物博物館がある。伝統あるライデン大学も名所の一つ。次の目的地ハーグまでの間には、昔の王様の御殿だった「森の家」。そして都会化されたハーグの市内見物。そこから少年たちは帰途につく。

まあ確かに、ブリンカー一家の行く末を、早く知りたい異国の年少読者には、主人公が出てこないこの部分は、いささか寄り道だったろうか。もっとも大人だって、物語の享受の態度は大差ないような気もするが。

とにかく本筋へ戻ろう。

ブリンカー家の陋屋に現れたブックマン博士は、早速手術を決行する。手術は成功し、父ブリンカー氏は快方に向かう。ハンスは医学に大いなる尊敬を抱く。そして埋められたお金も掘り出された。

スケート大会から後、物語は一気に進む。少女組で優勝したのはグレーテル。ハンスは、いつも彼に親切だったピーター（スケート旅行の隊長）がスケートの紐を切らしたので、自分の紐を（つまり勝ちを）譲る。グレーテルが獲得した銀のスケートの革ケースに刻まれた名前は、ブリンカー氏が思い出したブックマン博士の息子の変名と同じだった。彼は父の助手をしていて、薬の調合ミスで患者を死なせたと思い込み、失踪してイギリスに渡っていた。再会した父子はブリンカー家を訪れ、博士はハンスの希望を認め、将来の後継者として医学の道に精進させるべく後援することになった。家庭文学というか児童読物の類は、やはりハッピー・エンドがよろしいのである。

そのためには、そこまでに主人公の不遇な状況が充分に描かれる必要があるだろう。特に同じ年頃の少年少女に対するへり下った態度から、彼らの境遇がリアルに身に迫る。一九五〇年代の日本でも、貧困は周囲に見る現実であった。物置小屋に住む家族もいたのだから。少年ハンスが恩義を感じているピーターぼっちゃんに、自分のスケートの紐を渡す場面は、いわばさわりの効果を持つ。

作者のM・M・ドッジ夫人は（このドッジという姓が、五〇年代日本人には〝ドッジ・ライン〟とかで耳なれていた）、のちに「セント・ニコラス」という雑誌を編集し、オルコットの『八人のいとこ』やバーネットの『小公子』を連載することになるのだが、『ハンス・ブリンカー』の中に、読者は誌名の由来を知る。オランダではセント・ニコラス（サンタ・クロース）は十二月五日にやってきて、六日の朝早く子供たちに贈り物を配って去る。クリスマス当日は宗教的な気分で静かに過ごす日であるという。であるならば、雑誌「セント・ニコラス」は、彼女のアメリカの子供たちへのプレゼントだっただろう、と私は考えてみた。そしてそれらの作品は、いつしか世界中の子供たちのものになったのだ、と。

＊

『ハンス・ブリンカー』（銀のスケート）は、わが蘭学事始。ここでオランダ人とスケートの関係は、しっかり脳細胞に刻み込まれたから、一九七〇年前後にスピードスケート界にアルト・シェンクが出現して王者として君臨した時、少しも意外に感じなかった。当然じゃないか、ハンスとグレーテルの国なんだもの。

しかし、オランダ人のスポーツ選手として、日本人に強烈な衝撃を与えたといえば、それ以前にアントン・ヘーシンクがいた。一九六四年、東京オリンピック、柔道無差別級の金メダリスト、柔道ニッポンのお家芸の簒奪者。続くメキシコ大会も、オランダのウィレム・ルスカが制した。かくてわれらが六〇年代の蘭学知識に柔道は不可欠な要素となる。否、それはむしろ、彼らの日本学の成果であったのか。この二人は、ともにその後プロレス界に転じ、「さまよえるオランダ人」の如く日本のリングに登場する。ヘーシンクには最早柔道家時代の迫力は失われていたが、アントニオ猪木と戦った〝赤鬼〟ルスカは、敗れたりといえども、巨豪のイメージを裏切らなかった。

もちろん、スケートと格闘技ばかりがオランダではあるまい。六〇年代には西洋音楽趣味も覚えた私は、アムステルダム・コンセルトヘボウのオーケストラの来日公演も聴いている。戦前、そこの常任指揮者だったメンゲルベルクのレコードも買った。そして、大急ぎで書きつけておかねばならないが、オランダ絵画の巨匠中の巨匠レンブラントの伝記は、創元社の「世界少年少女文学全集」の偉人伝の一冊の中で、五〇年代児童として読んだのであった。彼の得意の絶頂期と失意の晩年との落差による物語《メロドラマ》的感興を、私は永く覚えていた。

私の蘭学は結局その程度で終わるのだろうか。銀のスケートでスタートダッシュは上々だったのに。

〔付記〕本稿を書き出した頃、アントン・ヘーシンク氏の訃が報じられた。合掌。

『若草物語』をこんな風に読んでみた

古いアメリカのサイレント映画で『涙の船唄』（一九一九年製作、二〇年日本公開）という佳品があった。その原題が“The Jack-Knife Man”と知って、いささか意外に感じたことを覚えている。邦題が老人と子供のしみじみ人情劇にはまっていたからだろう。いまどき、外国映画では原題を適当に片仮名に置き換えただけという場合がしばしば目につく。その点、昔は観客一般が外国語に馴染みが薄いこともあり、洋画には日本人大衆をひきつける日本題名に知恵を絞ったものだという。その結果、即物的な原題よりはるかに「文学的」な香り漂う、なかなかの「傑作」が創造されたのだった。

アベル・ガンスの『鉄路の白薔薇』を原題の“La Roue”といえば、映画好きにはいや味に聞こえるし、デュヴィヴィエの『望郷』を“Pépé le Moko”というのも、今更わざとらしい。『涙の船唄』の監督キング・ヴィダーの後年の作“Our Daily Bread”は日本では『麦秋《むぎのあき》』とお色直しした（一九三四年日本公開）。小津安二郎の戦後の名作『麦秋《ばくしゅう》』（一九五一年）は、題名のみに限れば、ヴィダーを敬愛した小津だけに暗示を得なかったともいえまい。

挙げていけばきりがない中で、極め付きは一九三二年のルネ・クレール作品“Quatorze Juillet”か。フランス革命記念日の「七月十四日」が一九三三年の日本では『巴里祭《パリー》』と題されて、以来日本で現実の「パリ祭」になってしまったのだから（因みに「巴里」は戦前はパリーと伸ばして読むのが常態だった。往時活弁の名調子に「花の巴里《パリー》か倫敦《ロンドン》か、月が啼いたかホト、ギス」とある如く）。この洋画邦題名作全集の系譜は戦後まで続いた。日本公開一九五五年のヴィスコンティ作品『夏の嵐』（原題Senso）や、同じく六四年トリュフォー作品『突然炎のごとく』（Jules et Jim）なども、同時代観客の忘れ難い思い出のはずである。“Hiroshima, mon Amour”（レネ）が『二十四時間の情事』に化けた（五九年）愚劣な例もあったけれども。

イントロが長くなったが、実は今回取り上げる作品もアメリカ映画の和製題名がそのまま日本に定着したケースであり、しかもそれが映画作品に限られず、原作の訳題にまで及んだものとして、ひとまず注意を喚起しておく必要があったのである。その作品とは、今日おおむね『若草物語』の題で流通している児童文学の名作に他ならない。

*

アメリカの女流作家ルイザ・メイ・オルコット（一八三二―八八）の小説“Little Women”は一八六八年の作だが、発表当時から大変好評で、続篇が書き継がれて四部作になった。映画化は本国アメリカで、一九一九年、三三年、四九年、九四年と四度ある。いずれも第二部“Good Wives”までを脚色したものだが、題は初作の“Little Women”による。ただ、最初のサイレント作品は日本には輸入されなかった。その後の三作は、それぞれスターを揃えて日本でもヒットした。

問題はトーキー時代に入った第二回目の映画化（RKO）である。長女メグにフランシス・ディー、次女ジョーにキャサリン・ヘプバーン、三女エーミーにジョーン・ベネット、四女ベスにジーン・パーカー（三女と四女は原作と逆）という当時なら納得のキャスティング。監督はジョージ・キューカー。この“Little Women”を翌年日本公開するに際して、RKO支社が名づけたのが『若草物語』だった。つまりこの題は、最初は映画の日本題名として考案されたのである。

確かに、以前からこの小説は日本でも何度か翻訳されていたが、この題名で現れたことはなかったようである。国立国会図書館編による『明治大正昭和翻訳文学目録』を見ると、一九二三年の内山賢二訳の『四少女』（春秋社刊）が最も早い年代として記録されているが、一番古い訳は一九〇六年にあり、舞台も人名も日本化しても題は『小婦人』と原題通りだったという。訳本の最初の『若草物語』は一九三四年の矢田津世子訳（少女画報社）。これは映画の公開に合わせた出版だろう。以来、『四人姉妹』とか『四人の少女』と題した例もあったが、『若草物語』には対抗できない現状である。

実際、誰のアイディアか、この題名は見事なクリーン・ヒットといわざるを得ない。特に四人姉妹の思春期を描く第一部、恋愛と結婚を主題にした第二部については。一九四七年、構成社版の訳者中村佐喜子があとがきに〈ちなみに、題名「若草物語」なる訳語は、往年この"Little Women"の映画が日本で上映された折に、その日本語版に附されたもので、内容的に名訳と思ひ、こゝに借用しました〉と記しているのが、その後の趨勢を示す。そういえば、この映画の頃、「若草」という少女雑誌が出ていた。女学校の生徒あたりを読者層に想定したものだった。作中の少女たちも同じ年頃。この訳題の下地は既にあったのである。当時「映画之友」誌では東京市内の女学生たちの合評会を載せている。映画の広告には、日本版監修として吉屋信子の名前が大きく掲げられた。日本語字幕の用語などに助言もしたようだが、題名にはタッチしなかったのだろうか。女学生に人気の「花物語」シリーズの作者にして『若草物語』の命名者という確証はないが、こんな想像も楽しいではないか。

「若草物語」という題がいかに名作であるか。この映画の翌年に、今度はAnne of Green Gablesの映画化（一九三四年、二度目）が日本公開される。その日本題名は『紅雀』（一九一九年の一作目は二一年に『天涯の孤児』の題で日本公開）。しかし、『紅雀』は日本では育たなかった。この小説は結局『赤毛のアン』の題が定着し、八六年の西独・カナダ合作映画も『赤毛のアン』で決まりだった。

＊

私がこの物語に出会ったのは、創元社版の「世界少年少女文学全集」に間違いはない（岩波少年文庫は「四人の少女」だから)。安藤一郎の訳で、題はもちろん「若草物語」。その第一部である。第二部の『続若草物語』を読むのはずっと後。三部、四部はもっと後。四作すべてを完訳したのは、私の知る限りでは吉田勝江ただ一人か。角川文庫に収められていた。誰でも知っている作品のようで、全篇つき合った読者は案外少ないのではないか。

原題と出版年を記しておこう。

『若草物語』Little Women　一八六八年
『続若草物語』Good Wives　一八六九年
『第三若草物語』Little Men　一八七一年
『第四若草物語』Joe's Boys　一八八六年

一部と二部は物語的にひとつながりで、映画では併せて一本とする。ここまでは広く知られているから、筋書きにふれる必要もないが、ただ正続を別々に考えれば、やはり正篇がはるかに面白い。四姉妹――美人で良識派のメグ、型破りのお転婆で文学少女のジョー、内気で家庭的なベス、おしゃまな社交家で美術家志望のエーミーのそれぞれの個性が特徴的に描き分けられ、バランスよく配置されている。あたかも弦楽四重奏のアンサンブルのように。作者の分身ともいえるジョーが全体をリードする第一ヴァイオリン役。そこに隣家の少年ローリーがからめばピアノ五重奏の趣にもなろう。母のマーチ夫人やローリーの祖父ローレンス氏がしっかり脇を固め、料理番のハンナや権高なマーチ伯母さんも生きた人間らしい。

これが第二部になると、メグは結婚して別居しており、ベスは病床に臥して、ともに出番が少なくなる（そしてベスは死ぬ）。主題はジョーにプロポーズを拒絶されたローリーが、イタリアで成長したエーミーと巡り合って結婚するまで、そしてジョーが伴侶となるベア教授と結ばれる経緯に絞られていく。ローレンス老人ばかりか両親のマーチ夫妻まで影が薄くなる。恋愛と結婚は大人になりつつある娘たちには重大な関心事だろうが、その分、物語に遊びがなくなるのである。そうなのか、『若草物語』第一作が今の私にとっても充分に楽しめるそのわけは、そこに発露した遊びの心、ジョーを中心に繰り展げられる〝ごっこ〟の世界が働きかける、つまりはイマジネーションに由来するのであったのか。

お芝居ごっこのてんやわんや、ピクウィック・クラブごっこの大まじめのユーモア、少年少女たちの物語リレーごっこなど、かつていたずら好きの子供だった大人の心の底に沈んでいた何ものかに、一瞬立ち帰らせる。物語の背景にはバニヤンの『天路歴程』が意識されていると知識では教えられたが、昔、子供ながらに気がついたのは（ピクウィック・クラブもそうだが）随所に比喩的に引用されるディケンズの作品なのだから、私もかなりの特異児童だったに違いない。

『若草物語』のもう一つの魅力は、姉妹たちの仲の良さにある。それぞれ性格は全く異なるのに、お互いに補い合いかばい合っていく結束が見事である。現世ではなかなかこうはいかないということを、私たちは大人になるに従って事実として知る。その点で、この作品を貫く姉妹愛、家族愛は、平凡なようでいて、実は稀有の理想を表現するのである。

一部、二部に親しんだ読者には、三部、四部は、登場人物に共通性はあっても、別の物語と考えたほうが受け入れやすい。ジョーが夫のベア教授とともに創設した学校「熊学園《ベア》」を舞台に、そこに集った十数人の子供たち（メグやジョーの子供もいる）と夫妻との日々を描くのが『第三若草物語』。『第四』はその十年後、成長した彼らの多様な青春が語られる。初篇からのレギュラー・メンバーではメグやローリー＆エーミー夫妻は健在だが、後景に退き、ジョーと子供たちが中心になる。『若草物語』の全体、マーチ・ファミリー・サーガの生命力が子供たちの潑剌たる言動にあるとしたら、世代は確実に交替している。「若草」は次の世代に継承された。

彼ら後期「若草」の特徴は、男の子が大勢を占めたところにある。基本的に女の子物語であったこのシリーズの大きな変化であり、主に家庭に閉ざされていた視野を拡げる効果があった。私自身は（たぶん世評に反して）これを好ましい展開と考える。船乗りになって難破したり、音楽の才能を認められてドイツに留学したが自堕落な生活になりかけたり、人をあやめて入獄したり。女の子でも人間としての権利を自覚し、男性と対等に生きる道を目指す意識を持つ人物が登場する。この少女ナンはジョーの精神を発展させ、その夢の先を生きるのだろうか。

『第四若草物語』には、ジョーが少女時代の体験をもとにした（『若草物語』第一作に相当する）小説で、一躍人気作家になり、読者や新聞記者の来襲に閉口する愉快なエピソードが綴られている。確かに『若草物語』第一作は、時代を問わず楽しめる傑作だろう。さらに四作目に至り、作者オルコットは家庭小説の枠を超えて、女性の自立への関心を示し、希望を次の時代に託したように見える。そして訳者の吉田勝江は、これを戦後の日本に通じる問題として、当時の若い読者にもたらしたとも思えるのである。

みんながハイジを愛したので

アルプスの国、スイス。そのアルムの山にハイジがやってきたのは五歳の時だった。町で一緒に住んでいたデーテ叔母さんが、いわば厄介払いの形で、そこに隠棲するハイジの祖父に押し付けたのが事の発端である。しかし、それによって、ハイジにとっても、祖父のアルム老人にとっても、さらには読者にとっても、幸せな結果が生まれたのだった。

ヨハンナ・シュピーリ（一八二七―一九〇一）作『ハイジ』（一八八一年）。作者の姓は、近年は原音に近くこのように表記するらしいが、私の子供時代にはスピリだったりシュピリだったり。私など最初はヨハン・ナスピリと思ったのは、ラジオで聞いて、そのように聞こえてしまったのが原因だが、どうやらナスビを連想したものか。〝乏しき時代〟のラジオ世代児童の特異反応かもしれない。訳題も『アルプスの山の娘』とか『アルプスの山の少女』とかあって、映画化邦題は一九三七年のアメリカ映画、シャーリー・テンプル主演作が『ハイディ』。戦後は五三年のスイス、六五年の西ドイツ作品ともに『アルプスの少女ハイジ』であった。その後の日本のテレビ・アニメも同じ。男の子は早速「あるブスの少女」などと応用したのである。

さて、孫娘を預けられた老人は、お定まりの如く無類の偏屈、頑固者。一切の人づき合いを拒んで、山の中腹のデルフリ村よりなお高くの山小屋に、独居している。山羊飼いのペーター少年と僅かに接触があるばかり。この孤独な老人の心を、童女の無垢の魂が和ませていく。『ハイジ』という作品の生命は、やはりヒロインのハイジの鮮やかな個性に帰するであろうか。そして彼女が躍動するアルプスの景観は、臨場感をもって細やかに捉えられ、他に換え難い、他の作者には求められない、スイス女性シュピーリならではの魅力であることは、誰しも認めるところだろう。

少女の本来の名前はアーデルハイト。ハイジは愛称である。だが、この呼び名は滅多にないらしい。そう言えば、昔から多少は翻訳で読み嚙ったドイツ文学の中で、その名の女性はいなかったような気がしてきた。しかし作中で、彼女をアーデルハイトと呼ぶのは唯一人。ハイジはいつもハイジであり、その名に彼女のアイデンティティがあった。ハイジは唯一にして無二の存在なのである。

おじいさんと二人暮らしのハイジだが、たちまち環境に溶け込んでいく。アルプスの自然――高山に咲く花々、日の光、風の音、牧場の山羊たち、山羊のミルク。それらのすべてが彼女の歓喜のもととならぬものはない。村人たちの予想に反して、人間嫌いの老人になつき、掌中の珠としてかわいがられた。ペーターとも仲良くなった。花の名前を憶え、山羊たちの顔を見分けた。その乳をゴクゴク飲んだ。

ハイジは叫ぶ。走る。とび、はねる。心の赴くままに。彼女は感動を体で表現せずにはいられない。作中で彼女は何十回、その行動を繰り返したことか。子供とはいえ、これほど天真爛漫に、喜びに反応する人間が、現実にいるであろうか。現代の感覚からすれば、彼らの生活は物質的には豊かでない。不便である。食事といえば、パンに山羊の乳から作ったバターを塗り、チーズを添えるだけ。薄く切った乾肉でも付けば大変な御馳走である。だが、それより恵まれた食生活を享受しているはずの現代の文明国の子供たちは（一方で飢餓に瀕している乏しき国の現状を忘れてはならないが）、ハイジのように純粋に喜び、叫び、走り回り、とびはねているだろうか。

そうだ、山羊は私の身近にもいたのだった。思えば半世紀の余、街の外れに近かったその辺りでは、山羊を飼う家があったのである。子供の私がおそるおそる触れてみたりもしたのである。アルプスの風光には比ぶべくもないが、雑木林ぐらいの自然は残っていた。わが家でも、裏の小さな畑を耕して、少しばかりの野菜を収穫したものだった。

ハイジのたった一つの気懸りは、ペーターのおばあさんのことである。アルム老人の山小屋と村との中間にペーターの家があるが、もうガタガタで今にも壊れそう。しかもおばあさんは目が見えない。心の糧の聖書を読むことができない。十一歳のペーターは、冬の間は村の学校に通うのだが、勉強嫌いで、いまだに読み書きができず、おばあさんは聖書を読んでもらえないのである。ハイジの来訪だけが心の慰めである。家の修繕はおじいさんがしてくれた。しかし、彼女の楽しみも、やがて奪われることになる。

＊

『ハイジ』が最初に出版された時の題名は“Heidis Lehr-und Wanderjahre”といった。「ハイジの修業と遍歴の時代」。ドイツの文豪ゲーテの「ウィルヘルム・マイスター」を踏まえたと思われる。その点で『ハイジ』は児童版教養小説《ビルドゥングスロマン》なのであろうか。何が修業で、どこが遍歴なのか、必ずしも判然としないのだが。

彼女が八歳になった時、再びデーテ叔母さんが山に現れて、無理矢理連れ去っていく。隣国ドイツの大都会フランクフルトのお金持ち、ゼーゼマン氏の娘クララのお相手を務めるためである。氏は早く妻を亡くしたが、仕事で旅に出ることが多い。一人娘で十二歳のクララは体が弱く、歩けないので車椅子に頼り、ほとんど家を出ない。家庭教師が毎日教えに来る。主婦のいない家政を掌るのがロッテンマイア女史で、独裁的で厳格な女史だけが、ハイジをアーデルハイトと呼ぶのであった。

都会の生活、お屋敷の作法をまるで知らないハイジは、次々と珍事件を起こしては、ロッテンマイア女史を大いに困惑させ、クララを大いに面白がらせる。自然と切り離されたハイジは重度のホームシックに罹ってしまう。やさしいクララのおばあさまが訪れ、ハイジに読み書きと神様に祈ることを教えてくれる。だが、彼女は遂に夢遊病になり、深夜邸内を徘徊するようになる。理解のあるお医者さんのはからいで、彼女は即刻アルプスの山へ帰ることができたのだった。

ハイジは幸せを取り戻す。おじいさんやペーターやおばあさんや山羊たちとともに。再び彼女は自然の中で、叫び、とびはねる。おばあさんはハイジに讃美歌を唱ってもらい、ペーターはハイジに文字を習う。おじいさんの信仰も甦る。「神さまとも、人間とも仲よくしているということは、しあわせなことだ。神さまが、わしにしんせつをしてくださって、おまえを、アルムの山の上に、およこしなさったのだ」（岩波少年文庫、竹山道雄訳）

奇妙なことに、この作品の子供たちは誰も通常とされる家族環境に育っていない。ハイジには両親がなく、ペーターもクララも片親を欠く。しかし、それをさほど感ぜずに読んでいたのが不思議だった。信仰と自然を失うことこそ、より大きな人間の不幸と、作者は教えるのである。

物語の後半の展開は、クララがアルムの山小屋を訪れ、そこで暮らすうちに、健康になり、とうとう歩けるようになる過程である。ハイジがクララにつきっきりで、嫉妬したペーターが車椅子を崖から投げ棄て、それが却ってクララの意欲に働きかけたのだった。山の空気と日の光が奇跡を呼んだのだろうか。終わりよければすべてよし。神なき世界に生きる人々にも。

ハイジは（神の）自然の子。人間が地球の自然から生まれ、私たちは本来自然の一部であることを、この物語ほど実感させるものはない。だからこそ私たちは人間である限り、ハイジを愛さずにはいられないのである。

＊

すぐれた物語であればあるほど、読者は物語のその後に思いを馳せる。特に主人公が魅力的である場合には。『若草物語』は作者自身の手で四部作になり、『赤毛のアン』に始まる「アン・ブックス」は十冊を数えた。『ハイジ』に至っては、作者の死後、別人によって二冊の続篇が書かれたのである。ハイジが、いかに人々の心をとらえていたかを、その事実は証明する。

物語の後日譚、『それからのハイジ』（一九三九年）と『ハイジのこどもたち』（一九五八年）を書いたのはシャルル・トリッテン。『ハイジ』のフランス語訳者であるという。彼が想像したハイジのその後を、ここで紹介するのも一興であろうか。

『それからのハイジ』では、ハイジは十四歳。クララの卒業したローザンヌの寄宿女学校に入学した。郷里のアルムの山、そこの人々を片時も忘れることはないが、新しい友達もできた。中でもハンガリー外交官の娘ジャミーとは仲が良い。この後の物語ではクララに替わってジャミーがハイジの相棒である。一方、村にはフランクフルトのお医者さんが移住してきて、おじいさんとは親友になった。ある嵐の夜、落雷で山小屋は焼け落ちた。だがその跡にはペーターたちの協力で立派な家が建てられる。今ではペーターも一人前の若者に成長し、独立した。ハイジはヴァイオリンを上手に弾き、卒業後はパリ留学も期待されたが、村の学校の先生を志願して、おじいさんの家に帰るのである。そして幼馴染みのペーターと結婚する。伝統的な結婚式には村人たちが総出で祝福したのだった。

続く『ハイジのこどもたち』では、ハイジにはふたごが授かる。ペーターには意外に経営の才があって、村でも屈指の農場主になる。ハイジは教師を退職し、ジャミーがその後を引き継ぐ。彼女の妹マルタがハイジに預けられた。この作では大人になったハイジより、充分に個性的な子供のマルタが主人公である。『それからのハイジ』でも後半はシェルという少年が物語を主導していた。ハイジが時に後景に退くのは寂しいが、彼女も子供の世界から卒業したのだろう。

物語の最後に近く、おじいさんは安らかに生を終える。そしてようやく、シュピーリが書かなかった彼の前半生の謎が、トリッテンの創作で解き明かされる。それによれば、彼、トビアス・ハルムは兵隊として出征した時、一人の女性と恋し結婚した。だが贅沢に慣れた妻は夫を見棄てて実家に戻った。彼は放浪の末、アルムの山に住みついた、と。そして別々に育った彼らの息子の一人の娘がハイジであり、ジャミーとマルタはもう一人の息子の娘たち、つまりハイジと彼女たちはいとこ同士であったのだ、と。詮索好きの読者も、これでひと安心であろうか。

作者ヨハンナ・シュピーリが与り知らぬこんな続篇が、しかも他国の人によって創作されたのも、『ハイジ』という作品、そのヒロインが、世界中の人々に時代を超えて愛されたからである。

私もまた、自然とともに生きるハイジの純粋な心に子供の頃から魅せられてきた。そして今、アルム老人の年輩に近づきながら、改めて彼に倣って言いたいと思う。「神さまが、わしにしんせつをしてくださって、おまえを、私たちのもとに、おヽよヽこヽしヽなさったのだ」と。

『飛ぶ教室』から先生がいなくなる

『大きなケストナーの本』と題する一冊の本がある。シルヴィア・リスト編。原著は一九七五年、つまりケストナーの死の翌年に出たもので、彼の作品の断片、エッセイ、雑文、詩などをピックアップして、生涯に対応して並べている。「大きな」といっても、別段巨大な本ではなさそうである。少なくとも日本語訳（マガジンハウス、一九九五年刊）は、B5判、四〇〇ページ弱におさまる程度。

「大きな」とは、もちろん比喩的表現であろう。「大人の」という意味になろうか。エーリヒ・ケストナー（一八九九―一九七四）が児童文学の世界で偉大な存在であることは誰でも知っている。しかし、そのジャンルは彼の仕事の一部に過ぎなかった。それを強調すべく、編者は子供向け（小さな）に対して、敢えて、大きな（大人向けの）という題を採用したと思われる。だが、それは一方で、「小さな」ケストナーのイメージがいかにこの世に流布しているかの証明ではなかろうか。私とて本読みのはしくれだから、「大きな」ケストナーだって満更知らなくはない。文人として好みですらあるだろう。ただトーマス・マンやカフカに匹敵する大物と考えるわけではない。それに対し「小さな」（子供向け）ケストナーは大きい。まさに大家であり、巨匠であった。「小さなケストナーの本」は、小さな読者たちにとって、今でも生き続ける古典である。『点子ちゃんとアントン』も『ふたりのロッテ』も、私は今も面白く読む。だが、ここでは一番読み返す機会が多かった『飛ぶ教室』を選んでみよう。この作品は、永年慣れ親しんだ高橋健二訳の他に、今ではいくつかの別の翻訳も出た。『星の王子さま』や『ライ麦畑でつかまえて』にも、近年同様の現象が見られた。当然それだけの人気があったればこそ。一九三三年の作だが、およそ二十年後の日本の少年読者たる私は、まるで違和感を持たなかったし、何度読んでもその印象は変わらない。

＊

『飛ぶ教室』は少年ものである。女の子は意味ある存在として登場しない。大人の女性でさえ、少年の一人（マルチン）の母親が目立つだけ。

いや、作者の母がいた。この作品は、真夏にクリスマスの物語を書かねばならないケストナー氏とその母とのユーモラスなやりとりを、プロローグとして始まったのだった。巧みな導入部。母の提案で落ち着いた、アルプスの万年雪が見えるホテルで、作家はいかなる想像をめぐらしたのだろうか。ひとまず先輩格の高橋健二訳でも引っ張り出して（手許にあるのは一九七八年改訂の偕成社文庫版なのだが）復習してみよう。

ドイツの地方都市、キルヒブルグ。そこのギムナジウム（高橋訳では高等中学校）の寄宿学生の五人の少年たちを主役とする物語である。彼らは高等科一年生（年齢的に今の日本の中学三年にあたる）。ギムナジウムはドイツ文学読者にはお馴染みのはずである。日本の旧制中学あたりをイメージすればいいのだろうか。「飛ぶ教室」とは、クリスマス休暇の前に彼らが学校で上演する芝居の題なのである。飛行機でイタリアのベスビオス火山、エジプトのピラミッド、北極を訪れて（おまけに天国まで）実地に授業を行うというのが、いかにも一九三〇年代らしい。

五人の少年たちは次の面々である（登場順に）。

ヨナタン（ヨーニー）。アメリカ生まれ。四歳の時、両親に棄てられドイツに送られて、その船の船長の養子になる。寡黙な文学少年で、「飛ぶ教室」の作者。ラムセス二世の役もつとめる。

マチアス（マッツ）。成績はよくないが腕力は随一。大食漢でいつも腹をすかしている（特に食後）。夢は未来のボクシング世界チャンピオン。北極熊と聖ペテロの二役を演じる。

ウリー。貴族の少年で、クラス一番のちび。臆病で、喧嘩の場からはいつも逃げ出す勇気のなさを悩んでいる。女装して少女役となる予定だった。

ゼバスチアン。頭が切れ、学校の勉強よりも難解な物理や化学の本を好んで読む。皮肉な毒舌家。劇では先生役。

マルチン。クラスの首席。家は貧しいが、プライド高き正義漢。絵画の才能があり、「飛ぶ教室」では舞台美術を担当する。ケストナーの旧作の主人公エーミールやアントンにも通じる、典型的な「ケストナー的少年」であろう。

このマルチンとヨーニーは親友同士、そしてウリーとマチアスがもう一組の親友で、ゼバスチアンは孤独な変わり者だが、仲間にはやっぱり欠かせない。

五人のそれぞれが少年らしい希望と悩みを持ち、別々の個性でありながら、友情と連帯に結ばれている。そこにこの物語の核心があるのはいうまでもない。

「飛ぶ教室」と題しているが、劇そのものが物語の本筋ではない。いくつかのハイライトといえるヤマ場があって、それらを辿ってクリスマスその日の感動に導かれていくのである。

最初の事件は実業学校生との抗争である。同じ町で伝統的に対立してきた相手方によって通学生が襲われ、監禁されて、翌日先生に提出するはずの書き取り帳が奪われてしまったのである。事態の解決として両校一人ずつ代表者をたて、両者の殴り合いで勝てば捕虜と書き取り帳を返還する協定を結ぶ。ところがマチアスが相手を打ちのめしたのに、敵方は約束を守らない。そこで一計を案じたギムナジウム生徒側は、雪合戦を挑み、実業学校生徒たちを引きつけておいて、マルチンたちが捕虜救出に成功、戦闘にも勝利を収めた。だが、書き取り帳は焼かれて灰になっていた。

実は捕虜にされた生徒は書き取り帳を提出すべき先生の当の息子だった。この先生は謹厳な人柄で決して表情を崩さない。それでいて時々面白いことを言う。でもニコリともしないのである。翌日の教室での先生対生徒としての父子の問答に、作者の絶妙なユーモア感覚が発揮される。この先生とか、授業で毎年同じ個所で同じ冗談を何十年も言う老校長の存在が楽しい逸脱になって、教訓的な物語を豊かに彩るのである。

ところでウリーは今回の実業学校との戦いでも、いざとなると敵前逃亡してしまった。落ち込むウリーに、マチアスは、皆が驚くようなことをやってのけて、勇気を示すべきだと助言する。ウリーが敢行したのは、校庭で高い梯子の上から飛び降りる行為だった。叩きつけられたのが雪の上で、右脚骨折程度で大事に至らず、彼の評判は面目を一新した。

しかし、ゼバスチアンは反論する。ウリーの行動は勇気とは関係ない。あれは絶望に追いやられての結果だったと。ただウリーはナイーヴで、自分の弱さを恥じているのが、並みの者との違いなのだ、と。そして彼は告白する。自分は本当は気の小さい臆病者なんだ。けれど利巧だから他人にそんな面を気づかせない。それに勇気がなくても恥だと思わない。どんな人間にも欠点や弱点がある。問題はそれを人に気づかせないことなんだ、と。少年たちの一人がいう——人間はやはり恥を知るほうがいい。彼は小声でそれに同意する。

『飛ぶ教室』で一番注目すべき人物は、このゼバスチアンであろう。他の少年たちは、あらわれは異なれ、一本気でブレがない。それに比べてゼバスチアンには屈折がある。複雑な性格である。その言動は揶揄的で、時に斜《しゃ》に構えた態度が目についた。頭のいい彼には周囲が馬鹿らしく思われるのか。だから、彼のスタイルは意識的に韜晦《とうかい》とならざるをえない。彼は本来「小さな」ケストナーより「大きな」ケストナーの人物なのだろう。それでもウリー事件以後、彼は人間に対し、いくぶん寛容になったようである。小さな読者の時も、大きな読者になってからも、ゼバスチアンは私が最も共感する人物であった。

ところが、この一節が偕成社文庫版の高橋健二訳には消えている。一体どうしたことだろうか。「ケストナー少年文学全集」（岩波書店）までは高橋訳に確かに存在したというのに。作品の肝腎要《かなめ》の部分を削除したこの措置には、ゼバスチアン贔屓としても、断然承服し難い。ラストに近く、貧しいマルチンの家のクリスマスは、大いに感動的な場面である。しかし、その感動は一般的、普遍的な感動とも考えられる。ケストナーでなくても読み得る感動といえなくもない。その点、ゼバスチアンなる人物は、充分にケストナー的な存在感がある。

＊

私は今回の原稿を書くに際して、毎日四冊の異なる訳本を日々持ち歩いていた。それというのも、それぞれの翻訳の中の微妙な差異に、いささか興味を唆られたからである。四人の訳者は生年順に、前記高橋健二（一九〇二年生まれ）、植田敏郎（一九〇八年生まれ、国土社版）、山口四郎（一九一九年生まれ、講談社文庫版）、丘沢静也（一九四七年生まれ、光文社古典新訳文庫版）。問題は少年たちが敬愛する二人の大人たちの表記にかかわる。一人は教師で寄宿舎の舎監のヨハン・ベク。彼こそ、帰省の旅費がないマルチンに援助して両親と水入らずのクリスマスをプレゼントしてくれた恩人だった。もう一人は行方不明だった彼の親友。彼らの仇名を私たちは古くから高橋訳で

「正義先生」「禁煙先生」として親しんできた。それが最新の丘沢訳では「正義さん」「禁煙さん」に変じているのに、私は気がついた。別の訳を見ると、植田訳は高橋と同じだが、山口訳は「正義先生」と「禁煙さん」となっている。つまり訳者の世代が新しくなるにつれて「先生」が「さん」に変化していく。遂に他の教師も教室の中でこそ「先生」と呼ばれるが、教室を離れると呼び捨てだったり、単に校長と言われてしまう。

丘沢訳はこの作品を児童読物の枠に封じ込めることを嫌い、既存の訳のデスマス調（「赤い鳥」以来の童心主義）を排し、直截なスタイルを標榜した。「大きなケストナー」の視野に置き直すことを主張した。その意図とは別に、結果として発生した「正義」氏、「禁煙」氏の「先生」から「さん」への呼び換えは、その背景にここ半世紀の日本の社会的文化的変容を想像させるであろう。そこには戦後の推移のなかでの、学校と教育者のありかたの変化が反映しているのではないか。四人の訳者の中で丘沢だけが戦後に生まれ、教育を受け、大学教師になった人である。戦後の教育環境を身を以て段階的に体験したのである。

かつて「学校の先生」は地域社会で一つの権威だった。その世間的敬意が次第に低下して、教室という場に追い込まれている。そこですら、今、昔日の威信を保っているだろうか。学級崩壊といわれ、教育の荒廃が論議される現状と、「先生」から「さん」へという『飛ぶ教室』翻訳のささやかな異変とは、決して無関係ではない、と私は診断する。それは（地域社会の変質を含めて）この国の戦後の大衆心理の問題である。

コタンで口笛が響く前に

去年（二〇一〇年）の秋、石森延男作『コタンの口笛』一部・二部のオリジナル初版（東都書房刊）を百円古本で（つまり二冊で二百円）手に入れたことは、既に報告する機会があった（『みすず』二〇一〇年十一月号〔本書二一二ページ〕）。この昭和戦後期の日本語児童文学の名作は、奥付を見ると一、二部とも一九五七年十二月に同時に刊行されている。私が小学六年生の時で、実際に読むのは翌春中学に入って以降になる。たぶん中学の図書室にあったものか。この作品は一九五九年に映画化され（橋本忍脚本、成瀬巳喜男監督）、学校の団体鑑賞で見に行ったと思うが、その時には原作は読んでいたのである。

しかし、私が石森延男の名前を知ったのは『コタンの口笛』が最初ではなかった。それどころか、この人の本は、既に十二冊も読破していた。小学生の国語用の『あたらしいふくとく本「竹」』という叢書が家にあって、一年生から六年生まで上下二冊ずつ、合わせて十二冊であった。すべての文章を石森が書いている。私はたぶんそれぞれの学年になるのを待たずに、先々と読み進んだであろう。

『竹』は光村図書から出版された。一年生の上下が一九五〇年十一月、翌五一年の六月に六年生分で完結。私が小学校に入学する前の年である。小学生時代の読書体験を回顧して、この叢書を忘れるわけにはいかない。

しかしながら、『竹』は、石森の業績の中で、注目されない仕事なのか、文学事典の類などでも彼の項目の中で触れられることはほとんど無い。大体、一般の書店で扱っていたかどうかも不明である。小学生の副読本、つまり教科書に準ずるものだから、特殊な流通形態だったとも考えられる。ところで、私の父は小学校の教師であった。おそらくその何らかのルートを通じて、父はこれらの存在を知り、一揃いを家庭に備えておいたのではないか。やがて小学生になる子供たちのために。かくて石森延男は『コタンの口笛』より何年も前に、私が出会った最初の（少なくとも記憶に棲みついた）日本の同時代児童文学の作家になった。そして六十年近い歳月を経て、今、私は再び『竹』の一冊一冊を手にしている。

＊

函付き全十二冊は初山滋《はつやましげる》の装幀になる。学年毎の色変わり。最初に子供を描いた世界の名画の色刷り（今から見れば粗末な印刷だが）、その裏は子供時代の石森自身や家族の写真。そのいくつかは記憶から消えずにいたのが不思議であった。各冊、彼が創作したいく篇かの童話や童詩を収め、学年が進むにつれてその数は増え、文字が小さくなって漢字が多くなる。当然内容も高度化していくわけである。

とにかく一年上の巻を開いてみよう。最初は「ぽちと　たま」という、一年生にしてはやや長目のお話である。

見開き右のページに、

「わたしは　ぽちです」

左のページに

「わたしは　たまです」

とある。

言うまでもなく「ぽち」は犬、「たま」は猫。家庭に飼われる動物で、昔も今も代表的な種類である。ただし、かつては猫は室内で飼われ、犬は屋外の犬小屋に住むという区別があった。犬は今はやりのミニ・サイズの愛玩物ではなく、番犬を兼ね、男の子たちの戸外の遊び仲間でもあった。このお話では、たろうとはな子の兄妹がいて、おとうさんとおかあさんがいて、ぽちとたまがいるという家族構成の中で、兄妹と動物たちの交流が語られている。たまははな子が捜していたお人形をラジオの蔭に見つけ、ぽちはたろうとお使いに行く途中、小さい子供が川に落とした下駄を泳いで取り戻すというお手柄をたてる。犬は男の子的、猫は女の子的性格が濃厚で、話す口調にも違いがあるが、たまはぽちとかけっこをするなど、なかなか元気者である。

雰囲気的にこの家は東京郊外にあるようで、一戸建て住宅に小さな庭があり、挿絵では庭に木が二、三本、石灯籠に犬小屋（Bochiと書いてあるのがご愛敬）、それにポンプ汲上げ式の井戸が描かれていた。むしろ戦前の中流家庭の趣を感じさせる。両親も家では着物姿である。

三番目の作「なこちゃん」も同じような家庭の女の子が主人公。なこちゃん公園に行く。作者の石森の次女が七重という名前なので、なこちゃんのモデルかもしれないと気がついた。それはさておき、この挿絵で、縁側で縫いものをしているおかあさんの姿に私なりの感慨があった。着物の上にかっぽう着、それは私の母のふだんの服装だったからである。母も結婚前は小学校の先生だが、当時の女教師は着物の時代。子供の頃は洋服も着たらしいが、少なくとも私が知る母は、同世代のおばさんたちが洋服を着ていても、最後まで着物で通した。そしてかっぽう着姿は、最も記憶に残る母の面影である。大正時代に女性が家事で動きやすい身なりとして考案されたかっぽう着は、家族生活の近代化に対応した、洋服以前の日本女性の新しい文化だったのだろう。そして戦後、一九五〇年頃でも、母親という存在にその姿がイメージされたことを、その挿絵は示していた。

さて、この叢書では、六年生まで十二冊、それぞれの文章の後に、いくつかの設問が用意されている。例えば、「「ぽち」というのは、なんの　なまえですか」とか「なこちゃんが　一ばんはじめに　して　あそんだものは　なんでしょう。かいて　ごらん。（　）」とか。それは文章の内容をより深く理解させるためのものであり、単に石森個人の作品集という以上の意図を有する書物であったことを示している。しかし、個々の文章はのびやかで愛すべき童話、メルヘン的な世界が展開され、彼が創作家としての天分の持主であったことを意味しているように思われる。

石森延男は一八九七年（明治三十）、札幌生まれ（一九八七年没）。父は札幌師範の教師で、その友人の国文学者落合直文（「孝女白菊の歌」の作者）が延男の名付け親であるという。延男は札幌師範、のち東京高師卒。童謡、童話の活動に加わっている。教職に就いたが、一九二六年に大連の南満洲教科書編集部に転じ、三九年に帰国、文部省図書部勤務となる（その年上梓した『咲き出す少年群』は私も持っている）。戦後は最後の国定国語教科書（小・中・高）の編集に努め、四九年に退官した。

その最後の国定教科書はいつまで使われたのだろうか。私が小学校に入学した五二年には、出版社がそれぞれに作った教科書の時代になっていただろう。小学一年の国語教科書の冒頭は、忘れもしない「くにおさん」「くにこさん」というのであった（それから先は全く覚えていない）。その四月の二十八日（天皇誕生日の前日）、戦後占領は終結し、日本は独立を回復したのだった。『新しい副読本「竹」』は石森が私人として、小学生の国語を通じて児童教育への理想を発信した仕事だったに違いない。彼にとっての戦後の始まりであっただろうか。そして戦前からの小学教師である私の父が、それを子供たちのために買い置いたことに、相似た考えがあったのかもしれないと、今になって私は思い当たる。父は学校の御真影を護って、もし敵襲で焼かれたりしたら切腹する覚悟でいた人である。一九五〇年代の私たちは、そのように戦時体制から再生した教育の、新しい時代の生徒なのであった。

＊

『竹』六学年、十二冊に載せられた百数十篇の詩や文の多様さに対応することは、ここでは困難である。だが、ひとまずフィクション（創作）と実録（回想、紀行など）に分けることは可能だろう。前者には動物の擬人化による作品が多い（特に低学年で）。幼年童話の常套の手法に、子供の心情に働きかける独特の詩情が盛られている。そこに時代の文化への意外な反応も見られることに、今度初めて気がついた。

それは映画（中でも天然色映画）への関心である。四年上の巻に「ある映画会」という作があり、それは森の動物たちが協力して映画（もちろん天然色）を作る話。トラが発起人でプロデューサー役。監督にはヤマネコ、撮影技師にはサルが選ばれる。シナリオはキツネの口述をシカが筆記。音楽はヤマバトが作曲してウサギがピアノで演奏した。現像係もいてモグラとイタチが徹夜の作業。出演者は他の動物たち総出で完成したのである。これは動物擬人化メルヘンの異色作であった。

しかし、私としては作者自身を語る作品に、より身近で人間的なリアリティを感じていた。子供とはいえ、そこに表現された彼の感懐に心ひかれる読者だったらしい。この叢書でも高学年相手になると、回想、紀行、日常雑録といった文章も増えてきて、今でも断片的ながら記憶に残り、追憶を喚起させる情景も存在する。それに作者の子供の頃の体験に親近したのは、時代こそ異なれ同じ北海道の天然自然の中で生まれ、育まれた共通感覚があったに違いない。彼と私と、半世紀を隔てても、雪は同じように降り、家族は同じように日常の一単位だった。

石森は十五歳で母を喪《うしな》っているだけに、幼少時の回想に登場する母には特別の思いも伴う（「グスベリ」「母をしのぶ」等）。彼は小学校に入学しても乳離れしない子供だったという。また彼の長女は一九四三年に二十歳で逝った。四年上下の巻の紀行文に出てくる（まだ元気だった）のみちという娘の名を、私はいつまでも憶えていた。そして、彼の日常を知ることは（四八年頃の記録が多い）彼の仕事（教科書編纂）、そして東京という首都を知ることでもあったろうか。北海道の外れの小学生には、日比谷とか阿佐ヶ谷とかいわれても、皆目想像もつかなかったのだが。

五年生用に書かれた北京紀行やモーコ民族の紹介は、彼の満洲時代の所産であろうか。岩手へ宮沢賢治の父、弟を訪れたり、信州で荻原碌山《おぎわらろくざん》の生家を案内されたり、九州で滝廉太郎の妹に話を聞いたり、石森は高学年相手には国語科の範囲を超えた知識、というより教養を伝えてくれたように思う。彼は音楽会で『未完成交響楽〔曲〕』を聞いて、戦前の同題の名作映画を想起する人であった。私が文学なるものを、物語・小説にこだわることなく、随筆、雑文の類まで含めて玩賞し、あるいは音楽も映画も、他のさまざまな芸能をも、楽しむ人になったのは、もしかしたら『竹』のせいなのか。

やはり、今回の話題は、とてもこのスペースには納まり切れなかったが、六年下の最終ページの石森の言葉で、ひとまず結びとしておこう。

これで「竹」十二巻はすっかり終った。こんどは、あなたが、竹になって、めきめきのびるのだ。／少しぐらいの風に折れてはならぬ。雪に折れてもならぬ。／すがすがしい、美しい、品のいい竹になって、空までのびておくれ。

〔付記〕『竹』叢書の入手にあたって郡淳一郎氏の協力を得た。記して感謝したい。

「事実は小説より奇なり」と申しまして

「事実は小説より奇なり」とは、ＮＨＫテレビ初期の人気番組「私の秘密」で司会の高橋圭三アナウンサーが毎回冒頭で使って有名になったフレーズである。もっとも、わが家でテレビを見られるようになったのは（以前も書いたように）中学時代も終わりに近くなってからだった。だから、私はそれまでに、この世には確かに小説以上にといおうか、あるいは小説程に面白い、不可思議な事実が数々存在することを、いろいろな本で知っていたと思う。実のところ、フィクションもノンフィクションも区別を意識せず、手当たり次第に読んでいた。

そんな子供の頃に出会って、忘れ難い一冊であったのに、今となっては題名すら想い出せないような本も、中にはある。例えば山本一清博士の児童向けの天文学入門の本。たぶん「天体の神秘」とでもいったか最早定かではないのだが、宇宙の仕組み、成り立ちの基礎知識を解説した、小学生にはかなりレベルが高いものだったと思われる。ところが、この本が小学三年生の私を夢中にさせたのである。もちろん細かいところはすっかり忘れてしまったが、その衝撃だけは未だ記憶のどこかに眠っている。

星や月や太陽は、見せかけのありようとは異なる実体を持つのであった。そして宇宙的スケールの時間と空間の中で、われわれ人類はいかにちっぽけな存在であることよ。人間の有限性の自覚。それは（ささやかながら、いくぶん早過ぎた）世界観のコペルニクス的転回であったろうか。こんな影響をもたらした本を書いた山本一清という人は、なるほど博士と呼ばれるべきであった。天文学という学問に畏敬の念を感じた。これがなぜ三年生の時だったと憶えていたかというと、将来何になりたいか書かされて、天文学者になりたいと答えて、先生を啞然とさせた想い出が残っているからである。ソ連の人工衛星第一号が地球人類を驚かせたのは、その三年後のことであった。

しかしながら、中学、高校と進むうちに、世界文学の名作の森に深入りするようになった私は、どんどん理数的思考から離れていく。それでも、わが天文学の素養（?）は、その時分からミステリーに続いて親しみ始めたSF趣味に生き残ったといえば、こじつけになるだろうか（私は「SFマガジン」初期の二つ折り時代を知る読者なのである）。SFといっても多種多様だが、科学技術の進歩を想定してその延長上に書かれた近未来宇宙ものより、特に私が好んだのはクリフォード・シマックの『都市』という作品だった。はるかな未来、人類が滅びた後、地球の支配者になった犬によって語られる伝説の人類。アメリカの作家には珍しいそこはかとない無常観に、共感を覚えたのか。とはいえ、これは五〇年代を越えて六〇年代に入ってからの読書に属する。

＊

そこで、例によって古本屋の店先で百円均一本を漁っているうちに見つけた一冊を登場させよう。岩波少年文庫のA・T・ホワイト著『埋《うず》もれた世界』。手に入れたのは一九七四年の二十四刷となっていたが、私は五三年の初版で同時代に読んでいる。中学以上を対象とする本を、小学二年か精々三年で読んだわけで、しかも大変興味深く読んだのだから、われながらどんな子供だったのか。

さて、これは考古学の歴史の本である。そういう学問がこの世にあることを、初めて教えてくれた本である。それは私たちが今、現在生きている場所の下に、はるか昔の人間の生活があったと証言する。私の住む町はかつては先住アイヌ民族の土地であったから、その辺の地面から出てきた黒曜石の矢じりなどは、私もいくつか蒐集していた（因みに私は北海道三代目にあたり、父方の祖父は信州上田の出身で、上京後、アメリカで学び、上海を経て明治三十年代に北海道に移住したと聞いている）。彼らの先祖の砦の跡は子供たちの日々の遊び場だった（そこには戦時中の崩れかけた防空壕も残っていた）。そんな下地があったせいか、考古学の物語は親しめるものだった。天文学とは異なり、ここにはドラマチックな人間臭が立ち籠める。

この本では、世界の遺跡発掘の歴史を、四つの代表的地域に分けて構成している。一にギリシア、次いでエジプト、メソポタミア、マヤ。最初の章は当然の如く、シュリーマンの業績から書き出される。少年時代に知ったホメロスの叙事詩の物語を真実と信じ、それを詩人の想像力の所産と片付ける同時代の専門家の大多数の意見に動かされず、『イリアッド』に詠《うた》われたトロイアの都、敵将アガメムノンの城ミュケナイを次々に発掘して、多数の財宝とともに、地上から消えた古代文明の存在を再現したハインリヒ・シュリーマン。彼こそはその後の考古学、埋もれた世界の発見を導き出した象徴的人物といえるだろう。この本の写真版にあったアガメムノンの（と彼が信じた）黄金の仮面は、後世の日本の児童読者には結構不気味で、夢に現れて脅かされたのだった。シュリーマンが信じたトロイアやミュケナイは、彼の事実誤認で、いくつか重なった別の層であったと考えられている。しかし、そうであってもシュリーマンの示した真実の偉大さに変わりはないと、著者アン・テリー・ホワイトは評するのである。かつて一九六〇年代に、吉本隆明が『言語にとって美とはなにか』で折口信夫の洞察に言及して、同様のことを書いていたのを私は連想する。確かに事実の採集は一応の専門家なら可能な仕事だが、そこに真実を直観するのは次元を異にする才能なのであろうか。

一八二二年生まれのシュリーマンが本格的なトロイア発掘を開始したのは、一八七一年。それまでに彼は商人として成功を収めていたのだが、既に並々ならぬ能力の持主だったことを証明する一冊の著作がある。彼は一八六五年に世界旅行を企て、日本も訪れていた。その記録を『シュリーマン旅行記　清国・日本』（一八六九年刊）という。こんな本があったとは、一九九八年に講談社学術文庫（石井和子訳）で出るまで、私は全く知らなかった。日本滞在は一ヵ月。維新の三年前、幕末日本で外国人の行動は著しく制限されてはいたが、彼は横浜の居留地のみにとどまらず、精力的に江戸から八王子にまで足を延ばす。その曇りない（先入観に捉われない）観察力は見事なもので、「目の人」というべく、西洋近代に追随する直前の「日本人」が写し取られた。中国大陸で見聞した不潔と堕落のありさまとは対照的な（当時の）日本の清潔と廉直。その上で、彼は彼なりの日本文明論を書き記す。物質文明という点では日本人はきわめて文明化されている。教育に関してはヨーロッパ以上。〈だがもし文明という言葉が（略）心の最も高邁な憧憬と知性の最も高貴な理解力をかきたてるために、また迷信を打破し、寛容の精神を植えつけるために、宗教――キリスト教徒が理解しているような意味での宗教の中にある最も重要なことを広め、定着させることを意味するならば、確かに、日本国民は少しも文明化されていないと言わざるを得ない〉。次の時代に「和魂洋才」に邁進する日本人が、ここに予言されているようではないか。ひいては、現在の日本人は本質的にどれだけ「文明化」しているだろうか。

もちろんシュリーマンの旅行記は近年になって読み得たもの。その昔、私が感銘を受けたのは、彼が少年時代の夢を信じて、生涯を貫いて大望を成就させた「古代への情熱」であった。情熱こそ人間ロマンの源でなければならない。

第二部（エジプト篇）の最後に置かれた、ハワード・カーターとカーナヴォン卿によるトゥト・アンク・アメン（ツタンカーメン）の発掘については、別の本でもっと詳しい話を読んだと思う。もう大分前になるが、上野の東京国立博物館で「ツタンカーメン展」が催されたことがある。例によって物見高き日本人は長時間、おとなしく、長蛇の列をなして、ぞろぞろと王の前を通過するのだった。その驥尾に付した私に、それは子供の日に読んだあの本の名残の行進でもあるのだった。

＊

ところで、私は小学校に上がった頃から、夏になると捕虫網を持って近辺を徘徊する子供になっていた。多少本式のスタイルといえば、田舎ではまだ珍しかった。捕えた虫は標本にした。教師の父が息子を戦後の新しい理科教育の実験台にしたのかもしれない。むろん、たいした獲物があったわけではない。北国の昆虫の種類は限られていたし、子供の行動範囲は知れている。ただ蝶やトンボを追っかけ、バッタやキリギリスに飛びつくだけで夢中だったのである。よその畑を踏み荒しながら。七、八年前であったか、高校の同期会で何十年ぶりかで郷里を再訪して街を半日歩き回ったのだが、畑も雑木林も住宅地になり、道路も整備され、追憶のよすがは失われていた。

昆虫たちとの出会いは、私の場合、ファーブルの『昆虫記』に先んずる。第一、その全巻を読み通してすらいない。おそらく岩波少年文庫の『ファーブルの昆虫記』に最初に接したはずだが、下巻は読んだかどうか。他の訳本もあったとしたら、そちらで読んだ挿話もあるのだろう。

ファーブルが研究した昆虫は、私が日頃親しくしなかったハチやアリ、クモなど（クモは昆虫ではないと教わっていたが）。彼らの種の持続にかかわる本能的な活動が、彼の主要な関心の対象になる。目的のためには一点の無駄もない虫たちの行動。そこには知恵も経験もない。学習がない。人智を超えた生命の法則。ファーブルはそれを徹底した観察と実験で明らかにしようと試みる。観察して、実験する。実験して、観察する。そこにかけられた時間と根気はとうてい真似できない。「ヒジリタマコガネのナシ型の玉」の謎を解いたのは、研究を始めて四十年後であったというのだから。

『昆虫記』から私が学んだのは、虫たちの生態に関する博物学的知識ではない。背景をなすフランスの田舎のゆるやかな生活のひろがりは、今読めば「作品」の魅力的な要素である。現代都市には不可能な環境でもあろう。しかし、ファーブルの手法は本来の科学者の道に通じている。彼は虫たちの営みに感情移入することはない。彼らに人間的尺度を以て接する態度を一切排した。己れの目で見た事実しか信用しなかった。当然、同学の先達、アカデミズムの権威に動ずることはなかったのである。『昆虫記』が教えるのは、学問研究の基本姿勢、真のありかたの一点に帰するであろうか。

シュリーマンにせよファーブルにせよ、もとは在野のアマチュアとして、異端の存在だった。だが、逆にそれ故のオリジナルな発想と方法論が、専門分野を画期する先駆者たらしめた。それらと同じ頃に知った詩の一節に〈僕の前に道はない／僕の後ろに道は出来る〉（高村光太郎「道程」より）。往時の虫捕り少年にも、彼らの存在は導きの星だったであろうか。私が読みたいのは、人間的創意に発した、述志の文章の他にない。

子鹿のバンビはどこへ行ったのか

憶えている人がどれだけいるだろうか。あの頃、よくラジオから〽子鹿のバンビはかわいいな、という歌が流れていたことを。唱っていたのは古賀さと子。私より二つ三つお姉さんで、当時の童謡歌手を代表する少女の一人であった。

前に『小公女』を取り上げた時に触れたけれども、一九五〇年代の芸能界に少女童謡歌手という特異な一群がいた。古賀さと子を筆頭に、近藤圭子、安田祥子・章子姉妹（章子はのちの由紀さおり）、田端典子、伴久美子……小鳩くるみ。次々に浮かび出る固有名詞に、我ながら呆れる次第だが、彼女たちは私とほぼ同年輩、十歳前後で、当時の少女雑誌で毎号のように見る顔であった。その媒体ともども特殊五〇年代現象と今にして思う。明らかに後年の（テレビ主導の）ハイティーン・アイドルとは異なる存在なのである。もっとも、童謡歌手として同時代の川田正子・孝子姉妹は、姿形に関してはあまり印象に残らず、男の子の童謡歌手だっていただろうに、こちらの記憶はまるで空白である。だが、とにかくそれが一人の少年の正直な感受には違いあるまい。

いや、話題は「子鹿のバンビ」でなければならなかった。

事の発端は、過日とあるスーパーマーケットで「バンビ・ミルクキャラメル復活版」なるものを発見したことにある。これが私を一挙に禁断のノスタルジーに誘ったのである。しかもそれは地域限定、われらの世代だけに懐旧の思いをかきたてる品であった。イケダ製菓のバンビ・キャラメル——あの頃、北海道だけで売られていたキャラメルなのである。むろんその会社は今はないが、それが当時と同じ体裁で再現されている。箱には昔そのままのバンビの絵。一瞬にして、心の裡にあの歌が甦った。

〽子鹿のバンビはかわいいな。

*

『バンビ』はドイツ語圏の動物文学作家フェーリクス・ザルテン（一八六九—一九四五）の一九二三年の作。しかし、世界中に広く知られたのは、やはり一九四二年にアメリカでウォルト・ディズニーがアニメーションにしてからではないだろうか。その点で日本ではやや立ち遅れた。原作自体は四三年に菊池重三郎訳（英語からの重訳）『バンビの歌』として出ていたが、ディズニー『バンビ』は時あたかも日米交戦中で、招来すべくもなかった。この映画は戦後、五一年に漸く輸入公開されたのである。そしてバンビは忽ち日本人のアイドルになり、その影響はキャラメルの名前にまで及んだわけである。大正時代のチャップリン・キャラメル以来の快挙かもしれない。

私がその映画を見たのは、のちの再公開の時になるが、それ以前にアニメをもとにした絵本があったと思う。早くから字ばかりの本を読んだ私に、絵本の記憶はあまりないのだが、『バンビ』の場合はどうやら例外らしい。中身はもう想い出す術もない。だが、そこではアニメで方向づけられたバンビの〝かわいい〟イメージが溢れていたであろう。

確かに子鹿のバンビは一世を風靡した。ディズニー作品では『白雪姫』もあったし『ダンボ』もあった。しかし、彼らのキャラクターがバンビほどの影響力を持ったとは思えない。バンビは特別な何かとして愛されたような気がする。

「バンビ・ブック」というシリーズがあった。たぶん中学生あたりを対象とした、本というよりは小型雑誌の形だったが、毎号ナントカカントカなんでも号と称して（例えばカメラなんでも号とか映画なんでも号とか）、そのナントカカントカに関して特集する趣向。私は欠かさず購読していた。思えば私の歩く雑学全書的性向はそんな風に養われたのだろうか。

さらに私は想い出す。その頃登場した新人女優中原ひとみ（一九五四年デビュー）がバンビの愛称で親しまれたことも。小柄で目がクリクリしたジュニア・スターだった。彼女の例に見るように、バンビには、かわいい、まだ大人になり切らない少年少女の清潔で爽やかなイメージがある。それは苦難をくぐり抜けてきた大人たちが、次の世代のジュニアたちに託した思いが重なっていたのかもしれない。それには太目な象のダンボより子鹿のバンビの細身の姿がふさわしかったのだろう。映画が製作当時の四〇年代に日本公開されていたらどうであったか。それが遅れたことで、却ってバンビは「戦後」一九五〇年代の日本にふさわしい存在感をもって生きることになった。

＊

原作を読んでみよう（高橋健二訳、岩波少年文庫、一九五二年刊による）。小説『バンビ』は森で生まれたノロジカの牡の子供が、喜びや悲しみを体験しながら成長していく物語である（ノロジカは普通の鹿より小型の種類らしい）。野生の動物が感じたり考えたりする。それは人間的な解釈で、一種の擬人法に違いない。ただ、動物を人間になぞらえる動物寓話とはいささか異なる。鹿はあくまで鹿であって人間ではない。彼らの目と心で体験し成長していく。その感情や心理が人間にも通じるものとして理解されるのである。その意味で、この物語は動物版教養小説ともいえるだろうか。

副題には「森の生活の物語」とある。彼らノロジカが生きる場である森、そこには他にもさまざまな生きものが共存している。『バンビ』には実に数多くの森の住民たち、けものや鳥が登場してくる。植物もまた命あるものである（ただしディズニー・アニメで活躍したスカンクは出てこない）。彼らの交渉がこの作品の一つの特徴だろうか。不思議なことに、動物たちは種類は違っても自在に会話を交しているのである。異変を察知して警告を発するカケスやカササギやカラスたち。リスの仲間はいつもバンビの友達である。コノハズクのじいさんはバンビをびっくりさせるのを大いなる楽しみにしている。

しかし、森の生活は必ずしも平和で牧歌的に推移するわけではない。厳しい自然、特に寒さの冬は彼らにとって試煉と雌伏の時である。だが、穏やかな季節でも、動物たちの間では生存競争が絶えることがない。ジャコウネコはハツカネズミを、キツネはキジを襲って食べてしまう。リスはテンやフクロウの餌にされる。バンビが出会うリスは始めと終わりで世代が変わっていた。森は日常的に生と死が隣り合わせた場所なのであった。こうしたリアルな現実認識は単なる子供向け読物の範囲を超え、ディズニー・アニメの世界に収まらず、子供時代の読者は読み過ごしてしまったようである。

そして、あれがいた。森を出ると草原がある。そこは陽ざしが明るく心地よい場所であった。それにもかかわらず、バンビは母鹿から昼間そこへ行くことを強く戒められる。なぜならば、昼間はそこにあれが来るからであった。あれの存在は動物たちにとって、嵐や冬の寒さ以上に恐ろしい生命の危機を意味した。あれは火を吹く第三の腕や、通り道に仕掛けたワナによって、日頃は殺し殺される動物たちを区別なく殺戮する。カシの大木も切り倒す。あれは森の生きもの共通の最大の天敵である。『バンビ』の物語を今読めば、森と人間、自然と文明との争闘という主題が浮上してくる気がするのは、深読みに過ぎるだろうか。

鹿と人間の関係を問題にして『バンビ』は鹿の側から人間を判断するものであったが、これは小説としては異例なので、通常は人間の立場で鹿を見る。そのように書かれた小説がアメリカの文学にあることを、私は『バンビ』のしばらくのちに知った。M・K・ローリングズ作『子鹿物語』（一九三八年）である。三九年度ピューリッツァー賞受賞作。四七年に映画化（監督クラレンス・ブラウン）、二年後に日本公開された。その日本題名が原作の翻訳題名に転用されたのは、『若草物語』と同様で、映画の大衆的影響力の故であろう。原題“the Yearling”は動物の一年子の意味で、少年期から大人への移行期を表すという。時代設定は一八七〇年頃、フロリダ開拓民一家の森＝自然との闘いの中で、十二歳の少年ジョディーは鹿の赤ん坊（フラッグと命名された）を愛し面倒を見る。しかし、やがて一年子になったフラッグは野生に目覚め、畑を荒すようになる。結局ジョディーはフラッグを自ら射殺せねばならない（読むのが辛い場面だった）。それは彼の成長の一過程でもあったのである。自然と人間は、人間がそこに進出することによって、遂に相容れることがない。

バンビの母はあれの魔手から逃れられなかった。そしてバンビの従弟のゴーボは、傷つき、あれに保護され、飼いならされる（フラッグと同様に）。帰ってきたゴーボはあれに対する警戒心を失い、驕慢になり、森の掟を無視して昼間草原に出て、猟師に撃ち殺されるのである。〈あれからはだれものがれられない〉のか。全能の存在なのか。しかし、バンビに目をかけ彼の前にだけ姿を現す、大殿様といわれる老牡鹿は（彼がバンビの父らしいのだが）監視人に射殺された密猟者の死体をバンビに見せ、あれとて全能でない、〈われわれと同等でわれわれと変わらないのだ。あれだって、われわれと同様に、不安と難儀と苦しみを知っているのだ〉と教える。バンビは悟るのである。〈別なひとがわたしたちみんなの上にいるのです……わたしたちの上に、あれの上に〉と。

『バンビ』の興趣は一般的には幸福な幼年期、母鹿との別れ、牝鹿ファリーネとの恋、彼女をめぐる他の牡鹿との闘いといった物語的《メロドラマ》次元で理解されているだろう。だが、この作品の核心は、あるいはバンビの精神の遍歴と成長が至り着くこのような認識ではなかったか。彼は群れに帰らず（大殿様の後継者として）孤高の単独者の道を生きることになる。

＊

ザルテンは『バンビ』の他にもいくつかの動物文学を書いたらしい。一九六〇年前後に「ザルテン文学全集」全七巻が白水社から刊行されたのは知っていた。その中に『バンビの子供たち』なる作があったのも（吉田正己訳）。しかし、私はもうその辺は卒業したつもりだった。実をいうと、今回の原稿を書くにあたって、それを初めて読んでみたのである。

詳しく紹介する余地はもうないが、『バンビの子供たち』（一九四〇年）は題名通りバンビとファリーネの間の二頭の子供、牡のゲーノと牝のグリの成長物語である。基本的に父バンビと似た過程を踏むとしても、臆病な程に慎重派のゲーノと活発で積極的なグリと、対照的に進行する小説的な楽しさがある。バンビも時折家族の前に現れて危機を救う。強く優しい森の賢者がバンビの未来だった。そこに私たちの未来もあったのだろうか。

思えばバンビは五〇年代日本の時代精神のアイドルだったのかもしれない。そのバンビはどこへ行ってしまったのだろう。そしてあの私と同世代の少女童謡歌手たちは（現役の安田姉妹を除けば）今はどうしているのだろう。

『君たちはどう生きるか』をどう生きるか

岩波文庫の『君たちはどう生きるか』は、今どれだけ版を重ねているのだろうか。文庫収録は一九八二年、著者吉野源三郎の死の翌年であったが、私が一年程前に、例によって百円古本で買った一冊には、奥付に二〇〇五年、五十三刷と記録されていた。この数字には驚いていい。

もちろん、私は岩波文庫版でこの「長編倫理小説」（「日本児童文学大事典」大日本図書刊、鳥越信の記述による）と初めて出会った読者ではない。文庫で出た時には、ああこれでこの作品も古典になったのかと、いささか感慨を覚えた世代なのである。少年時代に読んだ『君たちはどう生きるか』は、私にとって、いきいきした現在形の書物であったのだから。

しかしながら、私たち五〇年代児童とて、主人公コペル君と同年輩であっても、同じ時代を生きたわけではない。私がこの作品を知った五〇年代後半よりさらに二十年を遡った一九三七年に『君たちはどう生きるか』は世に出たのである。とはいえ、四〇年代前半の戦時下の時代相の中で、当時の少年少女がどれだけこの本の読者たり得ただろうか。その意味では、私たち五〇年代児童は、著者のメッセージを率直に受けとめ、反応することが可能になった特権的読者世代だったのかもしれないと思う。

今では文庫本として新しい読者を迎えているはずの『君たちはどう生きるか』。だが、それはどんな読まれかたをしているのか。依然として現在においても主体的影響力を持ち続けているのだろうか。それとも過去の名著として客観的教養化しているのか。岩波文庫に収められてからでも既に三十年に近く、しかし、その時代は吉野源三郎が来るべき世代に遺した思いを果たして生きたであろうか。

文庫として版を重ね、著者自身の後年の自作解説もある以上、作品の成り立ち、背景についてはひろく知られているだろう。私の知識も当然ながらそれをたいして出るはずもないのだが、自分自身の復習として一応の概略を辿っておこう。まず、この一冊は一九三五年から三七年にかけて新潮社から刊行された「日本少国民文庫」第五巻にあたり、全十六巻の最終配本となったものである。十六冊の中では第十二巻の山本有三著『心に太陽を持て』が永く新潮文庫で出ていて、今でも古本屋をまめに歩けば手に入る。第十三巻の里見弴著『文章の話』は岩波文庫に収められた。『君たち…』を含めた三冊が後年まで生き残ったことになるだろうか。山本著や里見著は名だたる文学者の仕事だから、当然の結果でもあろう。『君たち…』の作者は、彼らに比べれば後世の一般大衆には地味な存在に見える。それが岩波系人物とはいえ、「古典」たり得たのは、作品自身の力によるところが大きい。『君たち…』は本来山本有三の担当だったが、眼病のため吉野がピンチヒッターに立ったものだった。

それはさておき、興味深いのは、この叢書の名称である。「日本少国民文庫」、つまり「少国民」という言葉が、その時期に既に一般化していた事実を、戦後生まれの私は教えられたのである。三五年十月第一回配本といっても、企画、執筆の期間を考えれば三三年頃には定まっていたと考えれば、まさにインターナショナリズムからナショナリズムへの逆流が顕著になった年（拙著『小津安二郎周游』第五章「それはヨーヨーで始まった」参照）。その時流とともに、日本の「児童」は「少国民」と化していったのか。しかも、この名称は戦後も引き続き用いられた。そうか、私たちは一九五〇年代の日本の「少国民」であったのか。

＊

ところで『君たちはどう生きるか』は岩波文庫では青帯に分類されている。日本の近代文芸ならば緑帯になるところ。つまりこの本は単なる文学・小説というよりは哲学・思想、文化の書の扱いだろうか。それが証拠に、丸山真男「『君たちはどう生きるか』をめぐる回想」が解説代わりに付されている。吉野没後の追悼文として「世界」一九八一年八月号に、古在由重、中野好夫、都留重人の文章とともに発表されたもの（今はなき進歩的文化人の残照を思う）。大ものである。六〇年代半ばに大学生になった五〇年代少国民に、丸山は最初の必修科目だった。もっとも私はやがて民衆レベルに下放して、柳田、折口の世界に触発されるのだったが（だから私の映画体験のべストに挙げるのは小川紳介の『三里塚・辺田部落』となる)。

二十代の青年学究として『君たち…』に対した丸山の「回想」は細部にわたり条理を尽くす。社会主義・共産主義がほぼ壊滅状態に追い込まれ、弾圧の対象が反ファシズム、自由主義にまで拡大され、民衆がその方向に靡いていった時期に、次代を担うべき少年少女に向けてこのような本が書かれた、その勇気、使命感の強靭さと慎重で冷静な態度が実に驚嘆に値することは、戦後の読者も察するところである。丸山は同時代の私的体験も交えながら読み解いていく。冒頭――コペル君とおじさんが銀座のデパートの屋上から眺望する光景に、時代の暗雲の寓意を感じとる辺りは見事な鑑賞だろう。言うまでもなく、『君たち…』は〝支那事変〟とともに世に出たのだった。それが本格的な国家総動員戦争に展開していく。一億一心火の玉に。

丸山の指摘を待つまでもなく、この本には二つの要素が盛り込まれている。一方に認識、他方に倫理といえようか。認識が倫理を、倫理が認識を支え合うところに、作品の主題が表明される。どちらが欠けても健全な状態と認められない。そこに吉野源三郎の「思想」があった。

前半は主に社会科学的認識について語られる。旧制中学二年生の本田潤一君がコペル(コペルニクスの略)君と呼ばれるに至った来歴が、彼の体験とおじさんのノート(著者の註釈)が交響する形で提示される。それは「私」なるものを自己を世界の中心とする幼年期から、人間関係の網の目の中に相対化することへの変化であった。少年少女の人生に必ず起きるであろう世界認識の天動説から地動説への変化。それを一少年の身近な経験のレベルで説く物語の手法。おじさん(二十代前半か）はそれを「生産関係」として説明し、丸山は〈これはまさしく「資本論入門」ではないか〉と評する。とうとう『資本論』全巻を読み通さずに終わるらしい私にも、よくぞあの時期にここまでの表現をしたものだという感嘆を禁じ得ないのである。たぶんそれこそが吉野源三郎の「倫理」なのだろう。今、読み直して、彼が身を以て示した著述の倫理に、私はこの本の真髄を知る。

＊

コペル君たちに初めて出会ったのがいつだったのかは、もう想い出せない。小学生の終わり頃か、中学生になりたてか。だから、その時には、むしろそこに物語られた倫理に（認識よりも）共感したと思う。作の後半はコペル君と友人たちとの正義と友情の物語で運ばれる。分かりよかったのである。身につまされたのである。特に浦川君という少年が印象深い。

コペル君の同級生浦川君は庶民の代表として登場する。丸山真男も注意するように、コペル君の世界は東京山の手のブルジョワ家庭が中心になる。その中で浦川君は豆腐屋の息子である。仲間うちでは貧しい家庭。勉強もできるほうではない。身なりや動作から、いじめの対象にされている。家に帰れば家内労働の一端を担う。確かに彼は「階級」の問題を提起する存在として描かれたように見える。しかし、彼の環境はそんなに惨めだろうか。彼の家では使用人を雇っている。義務教育ではない旧制中学に進学できたのは、むしろ上等の部類に属する。当時の東京には真に貧しい底辺の人々がいた。例えば、奇しくも『君たち…』と同年同月に出版された豊田正子の『綴方教室』（大木顕一郎・清水幸治編）、翌年の『続・綴方教室』の生活記録が示したもの。失業したブリキ職人の一家、小学生の身で町工場に働きに出る少女に比べて、浦川君は羨むべき境遇である。さらにこの際、知的障害児の学級（深川・明治小学校）を担任教師の視点で描いた本庄陸男の短篇「白い壁」（一九三四年）も想起したい。おそらく生涯の貧困を宿命づけられた「少国民」。彼らは『君たちはどう生きるか』を読むべくもなかっただろう。そんな君たちはどう生きたのか。しかも首都東京を包み込むように、「窮乏の農村」がひろがっていた。それらは『君たち…』の視野の外にある。この作品の限界かもしれない。だが吉野が「階級」を暗示した意図は認めなければならない。その言葉には「闘争」とか「革命」（少なくとも「変革」）のイメージが伴う。それに対して近年しばしば用いられる「格差」にそのような志向性が含まれているのだろうか。あっという間に消え去った『蟹工船』ブーム。

思えば一九五〇年代の日本も貧しかった。小学教師の家庭は食うには困らなかっただろうが、それはつましく暮らしていたからである（子供たちに本だけは買い与えたのは、大いなる贅沢だったろう）。周囲には子供の眼にも明らさまな貧しい生活がいくらでも見られた。紙数も残り少ないので、たった一つだけ記すにとどめる。小学六年の修学旅行の時である。宿の夕食に茶椀蒸しが出た。すると前に坐った同級生の一人が「これは何というものなの」と聞いてきた。「茶碗蒸しだよ」と答えると、「うまいねえ」と感に堪えたように言うのであった。彼はそれまで食べたことも見たこともなかったらしい。もちろんわが家だって、年に何回かしかお目にかかれないご馳走ではあった。だが、茶碗蒸しを全く知らない同級生がいたことは、半世紀を経て今でもまざまざと甦る衝撃だった。彼には修学旅行に参加するのでさえ、大変だったに違いない。そんな児童は彼一人ではなかった。

コペル君の長所は（ひいては吉野源三郎のモラルは）、劣っているかに見える浦川君に決して差別感情を持たない点にあったのではないか。そして積極的に手を結ぼうとする姿勢を失わない。それなのに、親友の北見君が上級生に理不尽なリンチを受けた時、大ブルジョワの息子の水谷君も庶民階級の浦川君も、身を挺して受難を共有したのに、コペル君はその場にいながら傍観してしまった。親友たちを裏切った。人生において誰もが味わう屈辱、絶望感。私たちは痛恨の思いの中で真実に触れる。人間は完全無欠ではない。弱さや欠点をも内に抱えた存在であると。このような自己相対化を人間理解の精神的地動説と呼ぶならば、コペル君は初めて真に愛称にふさわしい少年に成長したといえるのではあるまいか。反省から本物の他者への理解と寛容、人間的倫理《ヒューマニズム》が生まれねばならない。それこそが反動と抑圧の最中で、作者吉野源三郎が次の時代に伝えた志であったろうか。『君たちはどう生きるか』を、五〇年代児童は、今、このように読む。

いかなる状況であっても述志の精神を失わないことが、未来を生きるこの本の著者の訓《おし》えである。玩物喪志は死に至る病に他ならない。

II

一切合切みな煙

煙草・ユーモラスな残酷

久しぶりに国会図書館の中の喫茶室に入ったら、驚いたことに全面禁煙になっていた。ついこの間までは、喫煙エリアと禁煙エリアとに二分されていたはずである。冷たいものでも飲んでちょいと一服、と思ったところがこの始末。異例に涼しい夏で、そんな気も起こらなかったのに、突然本来の炎暑に見舞われたときであった。国会図書館で喫煙室なるものを特設して、それ以外は喫煙御法度と定めたことは承知していたが、喫茶室も例外にはならなかったらしい。このような傾向は喫茶店の営業形態の今後のあり方を示唆しているのだろうか。

喫茶と喫煙とはながらく或る種の共犯関係にある如く、喫茶店の薄暗がりは一方で日本人の社会的活動の末端を担いながら、他方に没社会的な無為徒然の時間を容認する空間でもあったのだが、そのような喫茶店文化は、近年いささか変貌しつつあるようである。大都会に普及した廉価の喫茶店チェーンは、在来の喫茶店に比べて店内は明るく、禁煙を強制する店はまだ少ないとはいえ、長時間居続けするには不向きに出来ている。また地方の中小都市では、人々が車で動くことが多くなって、中心部に喫茶店が減少していると聞いた。その上さらに、喫茶と喫煙の分断工作が進行するならば、喫茶店の利用も様変わりしてゆくのではないか。

喫煙という風習も喫茶店という商売も、所詮はその程度の存在と心得たい。私としてはむしろ、世論・正論の形成のされかたはもちろん、人間の特殊な習俗の衰亡の過程に立ち会う興味を唆られてしまうのだが、それはおそらく小学校低学年の頃に山本一清博士の学童向けの天文学解説書（かなりレベルの高いものだったと今にして思う）を愛読するあまり、宇宙的時間の尺度が身に着いたが故に、眼前の現在すら未来完了として相対的に眺めてしまう（当然自らを周辺的で微小な存在と観ずる）特異な感覚に由来するのだろう（或いは生来の気質がその本に触発されて自覚されただけかもしれないが）。何れにせよそのような、いわば天然の則天去私人間にとって、世の出来事は栄枯盛衰、時間の推移の相の中でうたかたの戯れめいて観ぜられる。

とはいえ短期的即時的な世論・正論の動き次第では、数年後、或いは数十年後、数百年後の人類（そこまで存続する保証はないが）、就中この希望は躍る大八洲の（柳田國男によれば事大主義的な）イントレランス民族の未来に、煙草は伏字の文化、少なくとも註釈を必要とする風俗となると思えば、例えばかつて大正と称された一時期に、国民的詩人と国民的歌謡作曲家と目されるであろう人たちのコンビネーションで、「煙草のめのめ」なる歌が作られていた事実などに、注意を喚起しておきたくもなるのは、魔が差したとしか言いようがない。とにかく、ひとまずその最初の一節を摘録するならば、

煙草のめのめ　空まで煙《けぶ》せ
どうせ　この世は癪のたね
煙《けぶり》よ　煙よ　ただ煙
一切合切　みな煙

早くも結論が出てしまったような気がしないでもないのは癪であるが、後を続けなければなるまい。

ツルゲーネフの『煙』の主人公の感慨を想わせる、この詩句の作者は北原白秋、作曲は中山晋平。一九一九年（大正八）、一月一日から有楽座で上演された芸術座公演『カルメン』の劇中歌として作られた歌である。いうまでもなく『カルメン』のタイトル・ロールは煙草工場《こうば》の女工というのが表向きの姿（その裏で実は山賊の一味だが）。四幕のこの芝居の冒頭で、一座の女座長ともいえる松井須磨子が唄ったのである。

川村花菱《かりょう》の脚色による台本を、私は読んだことはないが、『都新聞』に載っている筋書を読む限りでは、これはメリメの原作（一八四五年）からではなく、ビゼーが作曲したオペラ（一八七五年）からの翻案であることは明らかである。このオペラが既に世界的にポピュラーになっていた事実が、そこからわかるわけで、ビゼーが必ずしも第一級の作曲家とはいえないにしても、『カルメン』だけは確かに見事に出来ていて、私も何度見ても飽きず、この秋にもロシアの歌劇団の公演を日本で見物するだろう。

しかし、一九一九年の芸術座公演は、オペラに基づき、歌も何曲か唄われたにもかかわらず、オペラとしてではなく、台詞芝居として上演された。劇中歌はビゼーの曲ではなく、すべて白秋・晋平コンビの作であった。人気女優松井須磨子を擁するこの一座の舞台では、劇中で須磨子が唄うという上演形態が考案されたのである。その嚆矢は一九一四年、トルストイ原作『復活』に於ける「カチューシャの唄」。作詞は一座の指導者島村抱月と相馬御風、作曲中山晋平（デビュー作）。一九一七年、やはりトルストイ原作『生ける屍』では北原白秋が作詞して「さすらいの唄」、「にくいあん畜生」、「こんど生まれたら」が作られた。そして『カルメン』で「煙草のめのめ」、「酒場の唄」、「恋の島」、「花園の恋」。

ところが、松井須磨子は『カルメン』のこれらの歌を四日間しか唄わなかった。一月五日未明、彼女は、二ヵ月前に死んだ師にして愛人の抱月の後を追って、縊死したからである。親しかった（彼女に英語を教えたこともあった）田中栄三は、舞台の須磨子はいつになく活気がなく、カルメンの強さが感じられず、ドン・ホセの方が憎らしく見えたと回想している。彼女は「煙草のめのめ」の中の「一切合切　みな煙」のリフレインを、始終口癖のように唄っていたという。

島村抱月の死因はこの年から翌年にかけて世界的に猛威をふるい、日本でも十五万人の犠牲者を数えたとされるインフルエンザ、スペイン風邪によるものであった。中世のペストがせいぜいヨーロッパを勢力範囲としたに過ぎなかったことを思えば、この極東の辺境をも例外としない流行病の国際化のひろがりこそ、二十世紀近代の指標なのであった。

しかるにわれらがカルメンはスペイン、セヴィーリャ地方のジプシー（いまはロマ族とかいうらしいが）の女。そこに煙草工場があるのは、かつて大航海時代のスペイン人が、コロンブスをはじめとして新大陸ブームに湧き立った過程で煙草に出会った経緯を考えれば、至極当然のことかもしれない。その国を発して西欧文明社会に伝播した煙草が、やがてこのジパングをも風靡したのだから、煙草は二十世紀のインフルエンザに魁けて世界を制していたわけである。

日本人にとって、煙草は南蛮渡来の文物の一つであった。お目見えがいつだったのか、特定する史料は見つかってはいないらしいが、大体一六〇〇年頃、つまり煙草が西洋に知られてほぼ一世紀ののちと推測されている。それから瞬く間に喫煙習俗がこの国に定着してしまったことは、承認された事実である。日本全土が切支丹伴天連の妖術にかけられた如くであった。しかも、切支丹はやがて弾圧され駆逐されるのに、煙草はぬくぬくと居坐り、根を下ろし、生き延びてゆく。

このような煙草渡来記に着目したのが芥川龍之介、一九一六年の作「煙草と悪魔」。彼の南蛮ものジャンルでは最初期に属するものである。煙草はザビエルに随って日本に上陸した悪魔が携えてきた。ところが煙草はこの国に取り込まれたのに、悪魔は受け入れられなかったという話の成り行きで、宣教師（キリスト教）を悪魔に置き換えたところがミソだろうか。

はじめのうちは煙草＝悪魔のように思える。これはまさにいまの時代の風潮に適合する。しかし最終的に、煙草と悪魔は分断されている。煙草は残り悪魔は拒絶される。煙草は悪魔とは別物だから、絶対の悪であるはずがない。これはやはり喫煙者の発想ではなかろうか。正義の世論の検閲がこの辺のからくりを見逃して禁書に指定しないようにと、神にでも祈るべきだろうか。芥川龍之介は見るからに（と言って、実物を見たわけではないけれども）ヘビースモーカーらしき気配が濃厚で、これも広く知られた、例の改造社円本全集宣伝映画の一場面に、煙草を咥えた姿で登場していたのであった。自殺のすぐ前の映像ではなかったろうか。

彼に限らず、その昔、自称他称の〝文士〟が文学していた時代、概して彼らの大半は煙草愛好者だった。煙草を吸わない方がむしろ珍しかった。喫煙は文学・文士の条件でさえあった。彼らの中でも芥川などはとりわけ頭脳優秀な人物だっただろうが、他の文士たちも、同時代の一般人に比べれば、平均学歴は高かったはずである（ということが日本の近代文学を考える上で一つの論点になる）。

つまり、学歴と喫煙率とが反比例するという後年の傾向（例えば『サンデー毎日』一九七八年十一月二十六日号所載記事など）は、そこでは成り立ちそうもない。文士たるものすべからく社会のいかがわしきアウトサイダーであり、カタギではないという世間の通念が、まだその頃は自他ともに守られていたのだろう。社会的地位の高い人物、インテリ、ホワイトカラーに非喫煙者が多く、低学歴、肉体労働者、社会的地位の低い人物に喫煙者が多いという図式が顕著になるのは、おそらく煙草有害論が声高に唱えられるようになった一九七〇年代後半あたりからではなかろうか。

だからといって、いま性急に、そこに文士の消滅を重ねたいわけではない。それよりもここで優先的に注意を払っておくべきは、島木健作の『生活の探求』の存在なのである。この転向作家の転向以後（以後が重要なのだが）の農への下放志向が見出すのが、煙草栽培農家であったことを想起しておきたいのである。島木健作は文壇中途編入文士だっただけに、単に煙草を消費する並みの文士以上に、煙草に忠誠心を発揮したはずもなかろうが、実際、煙草を取り巻く言葉の多くが、換言すればメディアを通じて言葉をやりとりする一部の人々が製品化されて以後の煙草、即ち煙草の消費面しか語らず、そこにしか関心を示さない事実に改めて気づくのである。

とにかくこの作者だけは、一九三〇年代中葉の日本の農村に於ける葉煙草の生産の過程を（主人公の父が「何せえ、煙草といふ奴あ、手数のかかるもんさね」という、その手数の一々）、具体的かつ詳細に（作者はモデルにした地方の実際に忠実に描いたというのだから）報告してくれた。お上《かみ》との直接取引、一枚一枚、厳重な品質チェックをクリアするための細心な作業が持続する日々。そこに〝探求〟される〝生活〟の積み重ね。喫煙という煙草の消費行為は、あらゆる生産農家の辛労を、忽ちのうちに煙に変え、無に帰してしまう。何ととてつもない、ラディカルなコントラストであることか。『生活の探求』正・続の存在は（現に存在する以上、その存在を通奏低音として意識しようがしまいが）喫煙（或いは非喫煙）のみを問題にする煙草をめぐる言葉を、限りなく相対化する。

嗜好品としての煙草を語ることは、もとより遊戯の文章だが、それ以上にナンセンスな残酷である。ナンセンスであればあるほど面白く、面白ければ面白いほど残酷なものである。

そのような煙草随想の、相対化され、いかなる意味でも絶対性に拘束されずに浮遊する虚しさを楽しめたのは、（一を聞いて十を知ってるつもりで言うのだが）一九二〇年代後半から三〇年代にかけての時期に、まず指を屈すべきであろうか。故事来歴や逸話の紹介あり、煙草遍歴、煙草耽溺の記ありで、しかもその後の時代のように煙草飢饉に追い込まれたり、煙草非難に身構えたりする必要もなかった、喫煙者にとっては再び還らぬよき時代、例えば市島春城（一八六〇年生まれ）の如き物識り老人が身近にいれば、およそ退屈せずに暇つぶしができたであろうと思う。彼の「たばこ」（『文藝春秋』一九三二年三月号）など、そのウンチクの一端にすぎないのだろうが、鉄血宰相ビスマルクの言、〈烟草の大切さを真身《しんみ》に感ずることは唯一本残った時であらう〉を示すあたり、適確に急所を押さえていたことも確かである。彼の逸話コレクションからもう一つ（原文正漢字）。

エマーソンとカーライルは親友で、其の交は生涯続いたと云はれてゐるが、千八百三十三年のある日の夕方であつた。両人が対坐すると、一語をも交へず、先づカーライルから一管のパイプをエマーソンに薦め、自分も一管を把り、共に喫咽に耽つて沈黙がつゞき、漸やく畢ると、握手を取り替はしたが何も言はずに別れたとあるが、頗る余韻のある挿話である。

ここはむしろ、エマーソン、カーライルを偉人として並び立てた明治書生気質を憶うべきかもしれない。それは那破崙《ナポレオン》が全く喫煙趣味を解さなかったという言及にも窺うことができる。もっとも、遥かに若い世代で広く文献を博捜したらしい浜野修（一八九七年生まれ）の「タバコ漫談」（『改造』一九三二年六月号）によると、ナポレオンはパイプは駄目だったが嗅ぎ煙草は大いに用いたのである。

若き日の政治青年市島春城に対し、やや年少の馬場孤蝶（一八六九年生まれ）は文学青年。両者の間の九年の年齢差は、政治から芸術へという時代の転向、または関心の変化を反映するのだろう（孤蝶の兄、辰猪は政治志向だった）。晩年は明治風俗の語り部の観があった孤蝶の「煙草漫談」（『経済往来』一九三二年五月号）は、旧幕時代の戯文を紹介しながら、自身の好みを語ればヘビースモーカーの面目が滲み出て、ただの知識の展示には終わらせない。

一九三二年の総合雑誌に、何故次々と煙草エッセイが登場したのか、詮索すれば何らかの論点が浮上するはずだが、それはとにかく、当時の総合雑誌としては最も伝統ある『中央公論』にも、実はその年、煙草がらみの文章が載っていたのである。それに就ては後述することにして、ここでは二年後、一九三四年の同誌八月号の吉村冬彦「喫煙四十年」を取り上げておこう。

言うまでもなく、吉村冬彦は物理学者寺田寅彦（一八七八年生まれ）のペンネーム。漱石人脈では芥川龍之介の大先輩格。彼のこの文章は以前から比較的よく知られていたものではあるが、周囲の感化から、中学生時代から喫煙をはじめて以来の煙草体験を物語り、明治の中頃の煙草風俗の回顧や、一九一〇年前後に留学したドイツの煙草事情など、興味深いエピソードを点綴して、名随筆家ぶりを発揮している。中でも特に注目しておきたいのは煙管《キセル》の修理などする巡回羅宇屋の話。その作業を克明に回想し、記述していることである。今は失われた煙草風俗の貴重な記録。ここを見逃しては、この文を紹介する意味がない。

（略）その頃の羅宇屋は今のやうにピー／＼汽笛を鳴らして車を引いて来るのではなくて、天秤棒で振り分けに商売道具をかついで来るのであつたが、どんな道具があつたかはつきりした記憶がない。（略）なんでも赤錆びた鉄火鉢に炭火を入れてあつて、それで煙管の脂《やに》を掃除する針金を焼いたり、又新しい羅宇竹を挿込む前にその端をこの火鉢の熱灰の中にしばらく埋めて柔らげたりするのであつた。柔らげた竹の端を樫の樹の板に明けた円い孔へ挿込んでぐい／＼捻ぢる、さうして段々に少しづゝ小さい孔へ順々に挿込んで責めて行くと竹の端が少し縊《くび》れて細くなる。それを雁首に挿込んでおいて他方の端を拍子木の片つ方みたやうな棒で叩き込む。次には同じやうにして吸口の方を嵌め込み叩き込むのであるが、これを太鼓のばちのやうに振り廻す手付きが中々面白い見物であつた。又そのきゆんきゆんと叩く音が河向ひの塀に反響したやうな気がする位鮮明な印象が残つてゐる。さうして河畔に茂つた「せんだん」の花がほろ／＼こぼれてゐるやうな夏の日盛りの場面がその背景となつてゐるのである。

遠い少年の日の追憶。しかし、この細かな観察は既に後年の科学者の眼であろう。寺田寅彦の煙草の吸いはじめは、やはり刻み煙草を煙管で吸ったのであった。それがしばらくのちには紙巻煙草に変わっていく。ドイツでは葉巻が安いので、葉巻を吸っていたらしい。

伯林でも電車の内は禁煙であつたが車掌台は喫煙者の為に解放されてゐた。（略）日本の電車ではこれが許されない。いつか須田町で乗換へたときに気まぐれに葉巻を買つて吸付けたばかりに電車を棄権して日本橋迄歩いてしまつた。夏目先生にその話をしたら早速その当時書いてゐた小説の中の点景材料に使はれた。須永といふ余り香ばしからぬ役割の作中人物の所業としてそれが後世に伝はることになつてしまつた。そのせいではないが往来で葉巻を買つて吸付けることはその時限りでやめてしまつた。

寅彦のこの体験を採用した漱石の小説は『彼岸過迄』だろう（但し該当する作中人物は須永でなく敬太郎）。文学史のささやかなこぼれ話。

この種の活字メディアを浮遊する、煙草と同じ程度に社会に益することなき、煙草をめぐる遊戯の言葉の数々に、一々反応していては際限がなくなるが、ほぼ同世〔ママ〕代の馬場孤蝶と吉村冬彦の文章が、ともに喫煙形式の変遷、刻みから紙巻への趨勢を記していることには、一応の注意は払っておきたいと思う。

煙草の摂取方法にはいくつかの形式があるようだが、かかる煙草随想の類に記される製品は、刻み（パイプ又は煙管を使用）、葉巻、それに紙巻であろう。何れも点火して煙を吸引する。他に、より直接的に煙草そのものを味わう方法として、前記ナポレオンも用いた嗅ぎ煙草と、アメリカ原住民などに見られる嚙み煙草とがある。ただ、嗅ぎ煙草はあまりにクラシック、嚙み煙草はネイティヴであって、活字メディア文化に馴染まない。近代著述業者の生活様式とは距離がある。それ故、文章にあらわれる煙草は、煙（による享受）と化して記述に現れたと考えられる。言い換えれば、各種の煙草随想は、そこで言及された煙草の種類（煙を吸う煙草）によって、それらの文章を流通させた近代ジャーナリズムそれ自体の歴史性（時代性）と社会性（階級性）の根拠を表示する。

その歴史の中で、煙草趣味はおそらく馬場孤蝶が述べる如くに変化したのだろう。

道具を要さないのと、携帯に便利なのとのために、巻煙草が全く刻みを征服してしまつた形である。

ここで語られた刻み煙草は、日本人が江戸時代から習慣とした煙管による吸引法であるが、孤蝶の説では日本人の服装が和服から洋服へ変わったことも、紙巻への流れを加速したとする。十九世紀半ばに出現した紙巻煙草は、その簡便さによって喫煙習慣を変革するものになったが、その製品（商品）が多岐に分れることで、煙草は社会的・階級的な意味を担うようになる。

小津安二郎（一九〇三年生まれ）の映画『お茶漬の味』は一九五二年の作品である。しかし、その映画はそれより十二年前に映画化すべく、小津がシナリオライター池田忠雄と共作したシナリオを改訂したものである。一九四〇年のシナリオ『お茶漬の味』の映画化が流産した経緯は、よく知られているのでここでは繰り返さない。とにかく、地方出身者の夫と東京山の手の上流家庭生まれの妻との食い違いと和解を描くもの。その中に煙草を引き合いに出した興味深い件りがある。

茂吉「いや、たとへば煙草だけど、君は僕がバット吸ふのをいやがるけど、僕はこれが好きなんだ……安いばかりでなく、これが僕には一番うまいんだ」
綾子「……」
茂吉「汽車だつてさうなんだ。君は僕が三等に乗るのをいやがるけど、僕は三等が好きなんだ。気がおけなくて楽なんだ。昔からのんでるバットがいゝのと同じなんだ。この箱にもう親しみがあるんだよ……これは結局僕の育ちの問題になるんだけど……」
綾子「相済みません、私、そんな風に育つてをりませんの」
茂吉「いや僕の事だよ。君は今のまゝで構はないんだ。君がバット吸つちやおかしいよ。――誰だつてそれ〴〵身についたものはあるんだよ。僕の場合、何て云つたらいゝか、インチメートな、もつとプリミチブな遠慮やていさいのない気安い感じが好きなんだよ」

上記のやりとりに読み取れるのは、バットと略称されたゴールデンバットが、上流階級には差別され蔑視される種類の煙草であり、当時の汽車でいえば三等車に対応するという認識である。妻は汽車は一等に乗ると明言する。彼女が煙草を吸う場面があるが、それが何かはシナリオには明記されていない。しかし、バットでないことは確かだろう。夫は女中の兄がバット党であると知って淡い満足を覚える。要するにバットは当時の日本の庶民大衆に最も広く浸透した煙草だった。

即ち、一九四〇年のシナリオ『お茶漬の味』で、ゴールデンバットは小津によって非上流的・非都会的・庶民大衆的なるもののシンボルとしての意味を与えられていた。その時期この紙巻両切煙草は十本入り九銭（一九〇六年新発売のときは四銭）、確かに廉価な煙草の代名詞でもあった。しかしながら、必ずしもバット＝低学歴・無告のプロレタリアートと断ずることはできない。中流階級、インテリの類にも、この時代、バット愛好家が多かった事実はそのシナリオの主人公戸田茂吉の例でもわかるのである。彼は有閑ブルジョワの妻にこそ田舎者と軽蔑されているものの、そのような階級から妻を迎え得るほどに、有能と認められた優秀な人材だったはずである。

作家の十一谷《じゅういちや》義三郎（一八九七年生まれ）といえば東大出、一流のインテリに違いない。決して下層階級でも無告の民でもない。ところが彼ほどバットを愛し、吸い続けた人もいなかったといわれる。先ほど後述するとした一九三二年の『中央公論』掲載の煙草エッセイとは、実は二月号の彼の「バット馬鹿の告白」なので、その冒頭で彼は、一九二七年の手帖に〈一日にゴールデン・バットを最小限度十箱は吸ふ。十箱と云へば百本だ〉と書いていた、と記している。ところが実際にはもっと吸ったらしく、これもバット党だった（のちに禁煙）、仏文学者山田珠樹（かつての森茉莉の夫）によれば、〈五十箱入りの大箱一箱が三日もたないと云ふことをきいてゐた〉（「煙草」、『文藝春秋』一九四二年十一月号）そうで、五百本を三日もかけずに消費したわけである。この数は日常的喫煙者としてかなり乃至相当多い方に属するかと思う。まさにバット馬鹿、伝説のバットマンと称するにふさわしい。

このバットマンたるや、〈僕は、大抵、日に一食だ。二食はバットで補つてゐる〉というから筋金入り。寺田寅彦は葉巻に火をつけたばかりに電車に乗りはぐれたが、十一谷はバットを吸わせてくれない電車なんかには最初から乗るつもりがないのである。〈いや、旨くもなんともない、太陽の如く、水の如く、空気の如く、無くてはゐられないだけだ〉という境地を誇示する彼の〝告白〟は、殆ど法螺話の滑稽を思わせ、限りなくナンセンスであるが。だが、例の一九二七年の手帖に〈これから十年生きるとして三十六萬五千本！〉と記しておいた、彼の〈花束の代りに金の蝙蝠で蔽はれさう〉な生涯は、奇しくもその十年後に終わりを告げた。死因は結核。死までの十年間に計算上の数字を達成できたかどうか微妙だが、山田珠樹が伝えたペースであれば不可能ではなかっただろう。

話は前に戻るが、一九四〇年のシナリオ『お茶漬の味』では主人公戸田茂吉は妻とのいさかいの後、バットをくゆらせつつ独り語つ。〈こりやなか〳〵うまいんだよ。マイレデイ・ニコチンか……〉。

マイレディ・ニコチンとは、いわば喫煙者の煙草に対するオマージュであろうが、明らかな出典がある。一九二五年に出版された翻訳書『マイ　レーディー　ニコティーン』。作者はジェイムズ・M・バリーで、原書は一八九〇年に出たものである。大英帝国ヴィクトリア朝の時代、煙草を愛する六人のブルジョワ青年のとりとめない交遊録といった趣で、特に煙草の効用を議論し合ったりすることもなく、彼らののんびりした生活ぶりが描かれてゆく。著者のバリーはいまでは『ピーター・パン』の作者としてのみ想起されることが多いが当時の評価は、むしろ『天晴れクライトン』などで知られる劇作家であろう。「訳者の序」によれば〈せめては一時間でも、おだやかな灯光を浴びて静かな心持でゐたい人は、マイ　レーディー　ニコティーンを好伴侶と思つて呉れることを信じる。人間の喜怒哀楽が、ことぐく、煙草の煙に包まれて、軽くやはらかく感じられる。何の苦痛も覚えることなしに読むことが出来る〉わけである。煙草というナンセンスの極致というべきか。

一冊の主役はアーケディア・ミックスチュアなる刻み煙草なので、語り手の「私」によって〈我々が国民的英雄に、倫敦市の自由を与へる代りに、アーケディアの一鑵を以てしたら、彼等は多分余計に我々に感謝することであらう〉と述べられる。この煙草は作者の空想の産物で、実は彼が愛好するクレーヴン・ミックスチュアのことであった、と訳者の石川欣一（一八九五年生まれ）が一九三〇年に著した『煙草通』に書かれている。

『マイ　レーディー　ニコティーン』なる、二人の煙草通の手を経たこの著・訳書は評判がよかったらしく、一九三八年に『寵姫ニコチン』と改題の上、復刊されている。しかしながら、この書のナンセンスな至福が、大英帝国の徹底した階級構造、植民地支配、民族差別によって支えられるという残酷な「意味」を持っていたことを、忘れてはならないはずである。

そのような『マイ　レーディー　ニコティーン』の世界を浮游する英国ブルジョワたちにとって、ニコチンとは当然紙巻煙草ではない。彼らはパイプを用いるのである。新興勢力の紙巻煙草は彼らに奉仕する下層民衆のしるしであるべきで、いまだ黙殺してもよいものだったように見える。同時代のヒーロー、シャーロック・ホームズがパイプ党であったことを知らぬものはないだろう。

むろん「マイレディ・ニコチン」なる言葉が日本の一部のインテリに流布したのは、翻訳者石川欣一の功績である。そして彼がまた大のパイプ党で知られた人であった。一九四八年、「日本パイプクラブ」を結成した一人。毎日新聞社を経て、戦後はサン写真新聞の社長をつとめた。その時代、一九五二年に、彼は小津安二郎が戦前のシナリオに手を加えて映画化した『お茶漬の味』に、主人公に外地転勤を言いわたす社長の役で特別出演したのである。もちろん愛用のパイプとともに。「マイレディ・ニコチン」の奇縁であろうか。もっとも、石川と小津の交遊は戦後になってからで、石川が戦時中フィリピンで知り合った山本武が戦後、小津組のプロデューサーを担当して、『晩春』（一九四九年）の撮影を見学したのがつき合いのはじめだったという。

ところが、石川の出演と引き換えに、一九五二年版『お茶漬の味』からは「マイレディ・ニコチン」なる言葉が消えてしまったのが面白い。あののんき気な大英帝国的ブルジョワ世界は、アメリカ流の戦後日本には生き残れなかったということなのか。しかも、主人公が好んで吸う煙草も、ゴールデンバットではなくなったのである。主人公の名前も変わって佐竹茂吉。相変わらず汽車は三等に乗る彼ではあるが、妻にいやがられても吸い続ける煙草は朝日なのである。

いまだに現役のゴールデンバットを、何故朝日に変えたのか。そこに『お茶漬の味』の企画と実現との間の十二年の歳月があった。つまり、三十歳前後だった主人公は、同じ俳優を使うために、四十代の中年男に設定し直さなければならなかった。それなりに社会的地位も安定した彼に、最早バットは似合わない。そこで思いついたのが朝日だったのではなかろうか。バットより二年先輩の一九〇四年発売。明治から戦乱の時代を耐え抜いて戦後に生き残った両雄で、一九五二年の時点ではどちらも一箱二十本で三十円だが、朝日は紙巻に厚目の紙の吸口をつけた（そこを潰して吸う）所謂口付きだけに殊更古臭い、時代とズレた印象がある。そこに小津（とシナリオ共作者野田高梧）が設定した主人公の性格があったわけだろう。時代は戦後の再出発をイメージしたしんせいが主流になっていた。

しかし、戦前、朝日は人気のある煙草であった。紙巻口付きとしては敷島に次いで登場したブランド。著名な愛好者では萩原朔太郎を逸することはできない。娘の葉子が回想する「父・朔太郎」は、〈一日中タバコを手から離したことがなかった。二階の書斎で書きものをする時などは、まるでタバコの煙りの中に坐っているようだった〉という。〈父がタバコを手から離している時は、寝ている間だけだった〉のである。

父の身体じゅうは、タバコの匂いで一杯だった。

書斎に入ると、煙の向うに父の坐っている姿が見え、火鉢や灰皿には林のように立てられた吸殻が立錐の余地もない。

ちょっと喫っては、すぐに押しつぶしてしまうので、吸殻はたちまち一杯になってしまうのだ。「敷島」が無くなってからは、「朝日」になったのだが、口つきたばこと決まっていた。

（『父・萩原朔太郎』）

煙草は「臭い」でなく「匂い」なのである。

ところで小津安二郎も、おそらく石川欣一との縁で、日本パイプクラブに名を連ねていたらしいが、ふだんは（特に仕事中は）紙巻煙草を常用したようである。

だが、主人公の年齢が作者の年齢に比例して上昇していった小津映画では、一九六〇年の『秋日和』のように初老のブルジョワ紳士の交友にはパイプが重要なアクセサリーになる。そこでは彼らの一人が亡友の美人の未亡人から遺品のパイプを貰うといったエピソードも用意された。『秋日和』の紳士たちは会社の重役や大学教授たち。ひとまず功成り名を遂げた人々。世間では上層のイメージだろう。パイプは彼らの玩弄物である。だが、彼らも若い頃はバットを吸っていたのではないか。小津映画の中で、煙草はやはり、重なり合いながらも分岐している日本のゆるやかな階級構成乃至階級意識を暗示するように見える。

ゴールデンバットを必ずしも階級性と直結するわけにもいかないと、前述したけれども、もちろんそれは敢えて作った脇道であって、バットを吸う田舎出の夫が上流育ちの妻に嫌われる程度に、或いは金持ちが貧乏人に侮りの感情を抱く程度に、煙草の銘柄と階級性とはゆるやかに結びついているのかもしれない、と話を展開するのは読者に対するナンセンスな残酷であろうか。

ハイライトという煙草の運命を考えてみたいと思うのである。ゴールデンバットが戦前を代表する国民的（正しくは庶民的或いは民衆的というべきだろう）煙草であったとすれば（だからこそ戦時中には金鵄と名を変えてまで戦後に生き延びた）、戦後は一九四七年発売のしんせい（両切）の時代が続いた。そのしんせいの天下をくつがえしたのが、一九六〇年（安保の年、という表現が通じるかどうかはともかくとして）のハイライトの出現だった。

どういうわけか（いかなる境界も無力なインターナショナルな嗜好品だからなのか）、明治の昔から日本の煙草には横文字名前の伝統があるようだが、ライトブルーにhi-liteの白抜きは翳りなく鮮やかで、敗戦ショックを克服したつもりで（実際にはアメリカによる精神的占領が今日まで継続してきたわけだが）、高度経済成長に邁進する国民的（正しくは国家的）コンセンサスに、イメージ的に合致した国民的（庶民的・民衆的）煙草として大躍進、高度成長を記録するのである。一九六七年には年間八百二十億本の売り上げ。数の上では世界最高、最も広く普及した煙草になった。ハイライトはあたかも日本人の多くが中流的幻想を抱きはじめた時代感情を代表する煙草になったのである。正確な記憶ではないが、「煙草は動くアクセサリー」というキャッチフレーズはこの頃使われていたのではなかったろうか（正しくは一九六〇年）。

しかし、栄枯盛衰は世のならい。没落の予感はハイライトの個性自体のうちに潜んでいた。フィルター付き（これは確かホープが最初だったか）、本格的な手応えを失わずに、しかもソフトでまろやかな味わいというハイライトの志向性は、軽快さを求める時代の趣味に投ずるとともに、味の軽いものが多いアメリカ煙草への追随、ニコチン有害論への妥協の第一歩でもあった。まさにそれらの特徴に於て、それらの特徴をさらに強調する後続の煙草に乗り越えられる未来が内在していたといわざるを得ない。ハイライトの翳りは無敵を誇った大横綱の衰えのように訪れ、戦艦大和の轟沈の如く没落する。

最初の敗北は一九六九年のセブンスターの登場によってであった。ハイライト同様フィルターを装備して、より軽く、よりまろやかに、よりスマートに。若い世代はもとより、往来の日常的喫煙者でも、その軽い感触を、健康を慮り死を先送りすべきエクスキューズのよりどころとして、セブンスターに乗り替える例が目立ってくる。源氏鶏太は、一日に五十本も吸うので、より口当たりの軽いものにしたという理由でセブンスターに転向する。一九六〇年代のハイライトに替わって、七〇年代のはじめにはセブンスターが王座を奪う。当時、ハイライト一箱二十本で八十円に対しセブンスターは百円だったが、その程度の価格差には目をつむる程度に、日本の喫煙者の多く（全部ではない）は高度成長の余録を享受していたのだろう。とはいえ、この頃から勢力を得てきた煙草有害論の影響で、禁煙者も増えはじめたから、セブンスターが先輩横綱のハイライトのように、国民的（庶民的・民衆的）煙草というのはためらわれる。

しかも、セブンスターの時代もながくは続かなかったのである。より軽く、よりスマートに、よりマイルドに。マイルドセブンが一九七七年に発売されるに及んで、セブンスターの存在意義は急速に失われた。それ以来現在に至るまで、日本の煙草は基本的にはマイルドセブンが君臨している、としていいだろう。ハイライトからセブンスターへ、さらにマイルドセブンへ。その傾向は、重厚長大から軽薄短小へ赴いた世相とあまりにも歩調が合い過ぎて、気持ちがよいものではない。

かつての王者ハイライトはいまでは落ちた偶像になった。ソフトでまろやかなはずだったハイライトは、いまむしろ重くて強い煙草とさえ思われるようになってしまった。昨今、ハイライトは〝労働者の煙草〟といわれている。この頃、いやもう大分前からだろうが、ホテルの自動販売機にハイライトが無いことが多い。ちょいと洒落た場所の自動販売機にはハイライトが見当らない。そこで目につくのはマイルドセブンとその系列、そのヴァリエーションの多彩さではなかろうか。ハイライトはいまのゴールデンバットのように、極く限られた場所でしか手に入らなくなりそうである。祇園精舎の鐘の声が聞こえる。昭和戦前期を生きた人々によってバットが懐かしまれるように、カオスと可能性の一九六〇年代は一本のハイライトに凝縮されるのか。

二十年程前のことである。煙草銭にも窮した日に、路上に捨てられた吸殻を拾って吸った経験が私にはある（いまでも窮乏に大差はないが）。そのとき気がついたことだが、マイルドセブンやセブンスターと覚しき吸殻は比較的長いのに、ハイライトは短いという傾向があったのである。要するに、軽いマイルドセブンやセブンスターを吸う人は一本の煙草を長くは吸わない。それより重めのハイライトを吸う人は短くなるまで吸う。より一本の煙草に執着しているのである。そこに煙草と人間、煙草と時代、煙草と階級といったさまざまな問題が表現されているようで、甚だ興味深い拾いものであった。

しかしながら、そこでしみじみと実感できたのは、煙草の銘柄、或いは喫煙者と非喫煙者の差を階級性に関連づけたりするのは、いまだ階級性の実情に視線が届いていないということである。即ち、煙草を吸わない階級（社会的地位の高い人物・高学歴・ホワイトカラー）と煙草を吸う階級（社会的地位の低い人物・低学歴・肉体労働者）を対照させる図式のさらに下の底辺に、煙草を吸いたくても吸えない貧困層が（世界的に見れば）ひろがっているはずである。それを視野に収めない以上、あらゆる煙草談義のナンセンス、残酷は必然であり、そのナンセンス、残酷は世界に対する想像力の欠如、単なる鈍感に由来したのであった。

社会の底辺、生存の最低条件に追いつめられ、うごめき、彷徨し、貧なるが故に、煙草を吸おうにも吸えない人々は昔からいたし、現にいる。そのような極限的人間の煙草に対する極限的心理・行動を生々しく描いた、というよりは現実に生きてしまった表現として、おそらく嘉村礒多《いそた》「崖の下」の一節に及ぶものはない。鬼気迫るその部分を熟読する行為は、いまの世で最大のナンセンスな所業であろう。よって、いささか長めの引用になるが、それを読者に強要する残酷を試みるものである。

斯うして酒新聞社に帯封書きに傭はれた時分は、月半ばに余す金は電車賃しかなかつた。その頃、ルバシュカを着た、頭に禿のある豆蔓のやうに脊丈のひよろひよろした中年の彫塑家が編輯してゐた。ルバシュカは三日にあげず「奥さん、五十銭貸して貰へませんか」と人の手前も憚らないほど、その男も貧乏だつた。それでもそのルバシュカは、長い腕を遠くから持つて来て環を描きながらゴールデンバットだけは燻《くゆら》してゐた。その強烈な香りが梯子段とつつきの三畳の圭一郎の室へ、次の間の編輯室から風に送られて漂うて来ると、彼は怺《こら》へ難い陋《いや》しい嗜《し》慾《よく》に煽り立てられた。圭一郎は片時も離せない煙草が幾日も喫めないのである。脳がぼんやりし、ガンガン幻惑的な耳鳴りがし、眩暈を催して来ておのづと手に持つたペンが辷り落ちるのだつた。彼は堪りかねて、さりげなくルバシュカに近寄つて行き、彼の吐き出すバットの煙を鼻の穴を膨らまして吸い取つては渇を癒した。

ルバシュカが昼食の折階下へ降りた間を見計つて、彼は、編輯室に鼠のやうにするすると走つて行つて、敏捷《すばや》くルバシュカのバットの吸さしを盗んだ。次の日も同じ隙間を覗つて吸さし

のコソ泥を働いた。ルバシュカは爪揚子を使ひながら座に戻ると煙草盆を覗いて、

「怪《け》つたいだなあ、吸さしがみんななくなる、誰かさらへるのかな」

と呟いて怪訝さうに首を傾げた。人の良いルバシュカは別に圭一郎を疑ぐる風もなかつたが、圭一郎は言いあらはし難い浅間しさ、賤劣の性の疚しさを覚えて、耳まで火のやうに真赤になり、脊筋や腋の下にぢりぢりと膏汗《あぶらあせ》が流れた。

数日の後、ルバシュカは無心が度重なるといふので、二人の子供と臨月の妻とを抱へてゐる身の上で馘首になり、圭一郎は後釜へ据ゑられた。

…………………

圭一郎は、崖下の家へ移つて来た頃から、今度の雑誌社では給料の外に、長い談話原稿を社長の骨折りで他の大雑誌へ売つて貰つたり、千登世は裁縫を懸命に稼いだりして、煙草銭くらゐには事欠かないのである。彼は道ゆくにも眼を蚊の眼のやうに細めてバットの甘い匂ひに舌を爛《ただ》らして贅沢に嗅ぎ乍ら歩くのである。電車に乗らうとして、火のついてゐるバットを捨て兼ね、一台でも二台でも電車をおくらして吸ひ切るまでは街上に立ちつくしてゐるのであつたが、急ぎの時など、まだ半分も吸はないのに惜気もなくアスファルトの上に叩きつけることもあつた。さうした場合、熱き涙を岩石の面にもそそぎ——と言つた、思慕渇仰に燃えた狂信的な古の修行人の敬虔なる衝動とは異つた吝嗇な心からではあるけれども、圭一郎は、吸さしのバットの上に熱い涙を、一滴、二滴、はふり落すこともあるのであつた。

負の昂揚感が嘉村礒多独特の〝さわり〟を形成する。自虐と屈辱のハーモニーは、残酷であるとともにユーモアさえ漂わせる。おそらく、これほどまでに煙草への執着、思いのたけをうたい上げ、殆どグロテスクの域に達することをおそれなかったのは、嘉村礒多ならではであろう。これは最早文章の遊戯、遊戯の文章ではない、〝人間というグロテスク〟の真実と称すべきではなかろうか。ここに至って、煙草は浮遊する相対性を克服し、絶対的なもう一方の極を見出したといえよう。

人間にとって煙草とは何であったか。煙草談義の相対性原理を突き抜けて、喫煙文化という人類の一場の夢魔の戯れの精髄を未来に伝え得るのは、J・M・バリーだろうか、石川欣一だろうか、エマーソンまたはカーライルなのか。だが彼ら以上に、この世に於ける煙草の意味は、葉煙草栽培農家の日々の労働の並外れた厳しさに応え、報いた人、「崖の下」の作者によって、担われてもよいのではなかろうか。

嘉村礒多は「崖の下」発表の五年後（一九三三年）に世を去った。しかし、彼だけが死という運命に囚われたわけではない。ナポレオンもビスマルクも、とうの昔にこの世の人ではない。寺田寅彦も芥川龍之介も萩原朔太郎も島木健作も小津安二郎も、肉体は滅びて久しい。煙草好きのバイロンも、煙草を否定しながらも自らは煙草を拒否しなかったトルストイも、煙草嫌いのゲーテさえも、死を免れることはなかった。

人はすべて死す。どっちみち。遅かれ早かれ。例外はない。過去・現在・未来、千差万別の人類社会で唯一の共通点なのである。煙草を吸おうが吸うまいが、平等に人は死ぬ。分け隔てはない（天に則って私を去れば、近代人が固執する個体差も大同小異に見えてくる）。本稿に列挙した喫煙固有名詞群も、所詮は同じ道を辿らざるを得なかった。従って、この世で煙草が駆逐されたとしても、彼らはあの世に煙草の煙を絶やすことはあるまい。おそらく、故北原白秋・故中山晋平による、あの「煙草のめのめ」を唄いながら。

煙草のめのめ　あの世も煙れ
どうせ　亡くなりゃ野の煙
煙よ　煙よ　ただ煙
一切合切　みな煙

人間は死すべき存在である。その有限性の残酷が実はすべての人間的活動、あらゆる文化的行動の源泉でなければならない。今日、煙草が触発するのは、そのような認識であるだろう。もちろん、宇宙の時間の中で、それがとりたてて言挙げするほど意味ある話題であると、考えているわけでもないのであるが。一切合切みな煙でいいのだろう。執着すべき何ものがあるわけでもないのだから。

汽車に匂いがあった頃

子供の頃、夜汽車が行くのを見たことがある。周囲の何ものも、今は憶えていない。年齢から考えて、深夜であったはずはないが、通常の子供の時間ではなかっただろう。街なかであったはずもない。村ではない。街ではあったが、その頃、私の狭い世界は街の中心部を離れた地域にあった。どうしてそんな時間、そんな場所にいたのだろうか。だが、とにかくそのとき、夜汽車が行く光景に異様な感銘を受けたのは確かだった。蒸気機関車が働いていた時代、蒸気機関車が主力だった地方。

昼間の汽車は珍しくはなかった。唱歌や童謡でうたわれるように、親しめる存在だった。汽車に乗ったことさえ何度かはあった。しかし、それは大人たちと一緒の特別《ハレ》の場合だった。ふだん、汽車は乗るものではなく、通り過ぎるものだった。通り過ぎるのを眺めるものだった。

なぜ、夜汽車に昼間の親しみとは違った印象を感受したのだろうか。あたりの薄暗さのせいなのか。それとも、暗さをいや増す黒い物体の出現であったろうか。そうではなかったと思う。私を衝撃したのは、むしろ、黒く長い、視野を横切る物体の側面に規則正しく穿たれた一列の仄明り、車窓のつらなりであったのだから。その明るさは、月や星のように自然の中で消化されず、自然の暗がりに異物として侵入し、去って行くものだった。あたりの暗さが、それによってかえって意識された。そのとき、情景は一瞬の非日常の世界だった。灯火が人間の日常の営みに属するにもかかわらず。

他に誰かがいたのだろうか。思い出せない。主観的にはただ一人だった。宇宙にただ一個の存在であることを、私は了解しなければならなかった。夜汽車は、その車窓のつらなりは、子供である間、しばしば夢に現れて、私を脅《おびや》かした。そして、やがては実際に見たのかどうかもあやふやになり、たぶん夢を共犯者とする変形された記憶として甦る。いま語り得るのは、記憶に固定された昔語り、伝説の類でしかないだろう。

夏休みと正月に東京とその街を往来するようになって、夜汽車は自分の乗りものとなった。特急列車を乗り継いでさえ、二十四時間を超える行程である。上野から青森まで。青函連絡船で津軽海峡を渡る。函館から先が、上野・青森間以上の時間を要した。列車はどこかで夜汽車とならざるを得ない。逆方向もまた然り。そのうち、どうせ二日がかりだから、時刻表を見て、普通急行やときには鈍行を乗り継いで、多少なりとも安く上げる策を覚えた。というよりも、仙台や函館、札幌などの大きな街で途中下車して、古本屋歩きを楽しむようになったのである。

上野から青森へ向かうには、東北本線と奥羽本線と常磐線（そのまま東北線に直通する）があった。奥羽線は裏日本回りで余計に時間がかかるから、東北線か常磐線を利用する。そのときどきの都合で（つまり途中下車して古本屋歩きをする街に適当な時間に着くように）択ぶのだが、夏は常磐線、年末は夜行の東北線に乗った印象が強い。年末は特に混み合うので、座席を確保するために数時間前からプラットフォームに並んだものである。一度、上野から青森の直前まで立ちっ放しという喜劇も体験した。この席取り競争は、青函連絡船を下りて函館で列車に乗り込む際にもう一度展開される。桟橋から長いプラットフォームを、荷物を持って駆けなければならない。真冬はそこが凍りついているから気を抜けない。それでも前もって座席指定券を予約しておくなど考えてもみなかったのは、若さの勢いであったろうか。

旅ではなかった。長時間かけての空間の移動だった。長距離列車は目的地に着くまで乗客の乗り降りは比較的少ない。特に夜行はそうである。いったん座席を占めてしまえば、数時間、ときには十数時間、その区画の顔ぶれが変わらないこともある。私は煙草を吸い、ワンカップの酒を飲んでいる。何かのきっかけで会話がはじまることが多いが、道連れがいるものは自分たちだけの世界を作る。或るときは、目の前の男女がいちゃつくのを観察した。男が積極的で、女はさすがに人目を気にしていた。また或るときは、私よりいくぶん若い学生運動の活動家らしい二人組（反日共系）が、無防備にふざけ合っていた。彼らの集団の特殊な用語を頻出させながらも、平凡な若者たちの会話であった。

内地（と北海道では本州島のことを言う）から護送されてきたらしい犯罪（容疑）者が、函館からの列車に乗り込んだことがあった。同年輩の若者で、あまり大物でもなさそうだったが、島木健作が「バナナの皮」で描いた思想犯青年のような純情は一片もなく、周囲を嘲笑する反抗的な態度で、まるで悪びれた様子はなかった。何の反省もせずに、けちな犯罪を繰り返していっただろう。

こんな話を続けていてはきりがないのだが、なお少し付け加えておきたい話がある。大学一、二年の頃、常磐線だったと思う。向かいの席の三十歳位の男と話していたら、或る政治学者の名前を挙げて、知っているかと問われた。その分野では知られた人物で、私も著書を読んでいたからそのように答えると、男は自分の姉（従姉だったか）がその学者Kの愛人なのだと語り、彼の不誠実を非難するのだった。真偽の何れかは知らず。男はインテリ知識人文化とは全く無縁であるらしく、業績ではなく人格を問題にした。その言は、知的権威がただそこだけに限られていて、人間性と等しくはない現実、活字の流通とは別個に、無告の世間が存在する事実を、改めて認識させた。

実際、列車の中にはさまざまな世間があった。年末の夜汽車で、例によって一人で一ぱいやっていると、出稼ぎ帰りの親父たちには、学生さんにしては話せるじゃないかと評価される。夜も更ければ、乗客はしばしの眠りを貪る。通路にぎっしり立っていた人たちが、いつの間にか坐り込むスペースを作ってしまう。

要するに、長距離列車の北帰行は束の間の雑多な世間であり、それぞれがそれぞれの意味を持って、排除し合わない、その場限りの共同体であったろうか。これらの乗客は、やがて新幹線や飛行機に移行していった。しかし、かつての長距離長時間列車の気分は醸されない。階層的に大きな違いはないにもかかわらず。

汽車を乗り継いで二日がかりで帰郷すると、いつも「汽車臭い」といわれた。さすがに蒸気機関車が特急列車を牽引する時代ではなく（北海道内はディーゼルだった）、匂いの原因の最大要素は、車内に充満した煙草であったように思う。東北線の夜汽車で、向かいの席には今度は東京のタクシー運転手という中年男。長々と四方山話をしていたら、隣席の学生に「もう少し煙草を控えて下さい」と苦情を言い立てられた。話が興に乗って、二人ともチェーンスモーカー状態になっていたようである。いまの嫌煙主張＝無臭志向時代ならば、いかに長距離旅行者といえども、「汽車の匂い」を嗅ぎつけられることはないだろう。

生まれた街の少年時代より、東京暮らしの方がはるかに長くなった。東京では電車に乗らない日は滅多にない。年中乗っている。

ところが品川駅には縁が薄い。通過する機会も多くはない。居所・行動の範囲と重ならないからである。近年は山手線から羽田空港行きの京浜急行線に乗り換えるのが、品川駅との接点である。

しかしながら、戦前、東京から西下する場合、東京駅ではなくこの駅を出発点とする人々もいた（最近、東海道新幹線が品川に停車するようになって、その機能が多少復活したともいえる）。陸軍後備役伍長・映画監督小津安二郎が、支那事変に〝名誉のお召し〟を受け、歓呼の声に送られ出発《いでた》ったのは品川駅だった。小津は車窓から身を乗り出して、見送りの人々に帽子を振って応えていたが、やがて顔を引っ込めて「ちょいと回し過ぎたかな」と言ったという。キャメラを長回しして情緒過剰な場面になったという、活動屋らしい表現。彼は大阪港から〝堂々の輸送船〟で父母の国を離れて、中国大陸の戦場に送られた。上海派遣軍直属の野戦瓦斯第二中隊（甲）に所属し、従軍中に軍曹に昇進した。

ヘイタイサンヲ　ノセテ　シュッポ　シュッポ　シュッポッポ

辛《しん》や金《きん》や李《り》やもう一人の（女の）李が、父母の国へ帰ったのは、小津の出征よりひと昔ほど前の雨の降る品川駅からであった。といっても、その国は彼らを逐う〈髯　眼鏡　猫脊の彼〉を大元帥陛下に戴く国に併合されていて、国ではなくなっていた。彼らはそこに国を復活するために帰って行く。『中野重治詩集』の中でもひときわ力強く心を搏つ「雨の降る品川駅」。

周知の如く、中野重治の詩作の大半は年齢的には二十代の後半、即ち一九二〇年代後半の所産だが、その前後を含めて約七十篇のうち、汽車・鉄道に関する事柄を直接題名に掲げた作が六篇。作中に詠い込んだものを加えれば十数篇はあるだろう。偏愛といっていい。初期に属する「機関車」では、蒸気機関車が人間になぞらえられている。
その詩は次のように出発する。

彼は巨大な図体を持ち
黒い千貫の重量を持つ

中間部にさしかかって、それはダイナミックに昇りつめる。

彼の走るとき
軌道と枕木といつせいに震動する
シヤワツ　シヤワツ　という音を立てて彼のピストンの腕が動きはじめるとき
それが車輪をかきたてかきまわして行くとき
町と村々とをまつしぐらに馳けぬけて行くのを見るとき
おれの心臓はとどろき
おれの両眼は泪ぐむ

高林陽一監督の『すばらしい蒸気機関車』は一九六三年の作品で、その頃まだ稼働していた蒸気機関車たちを、四季の風景の中で記録した映画だが、そこに〝彼ら〟に魅せられ、恋する娘が設定される。確かに蒸気機関車の音と運動は、人間の呼吸法を連想させ、擬人化され易く、エロティックですらあるだろう。中野の詩も、高林の映画の情感にここでは近い。だが、大きくカーヴを切って、一つの譬喩に到着することになる。

旗とシグナルとハンドルとによつて
かがやく軌道の上をまつたき統制のうちに驀進《ばくしん》するもの
その律儀者の大男のうしろ姿に
おれら今あつい手をあげる

プロレタリア文学運動に挺身する作者にとって、彼＝機関車＝律儀者の大男に、闘うプロレタリアート、真の労働者同志の理念型を表現したかったのだろう。彼らは〈かがやく軌道〉＝正しい思想＝マルクス主義イデオロギーの上を〈まつたき統制のうちに驀進す〉べき存在である。それが〈行く行く人びとの胸郭にたたきこめ〉（「歌」）と、作者が欲したものであった。中野にとって、機関車の逞しくダイナミックな勇姿こそ、闘争と力の象徴として、歌うべき主題であった。作者の寓意とは別に後世の読者の特権で深読みすれば、律気者の大男とは世界の革命運動を先導するソ連の同志たち、と誤読したくなるのだが。

とはいえ、すべてが先頭に立つ理想的な勇者ばかりではあり得ない。「最後の箱」で中野が描いたのは、正反対に長い貨物列車の列の最後の車輌である。〈機関車をはじめほかの箱どもが／どつしりした重量をはらんで車輪の音をひびかせて行くのに／そいつはごろごろという音を立ててひつぱられて行くのだ〉。〈前の箱の腰のところにつかまつてどこまでも蹤いて行くのだ〉。〈なんという愚かな奴だろう／あいつの愚かな姿を見送つているうちに／おれは少しずつ悲しくなつてきた〉

そんなものをお前は歌うな、と作者に言ってやらなければならない。なんという愚かな奴だろう、と。そして、なんという正直な奴だろう、とも。正直に人間の愚かさ、弱さを抱え込んでこそ、文学が成り立つ。少なくともその契機にはなる。そこにたぶん、中野の詩が〝詩〟になり得る可能性もあったのだろう。例えば、「汽車　三」、特にその最後の一節。

田舎の小さな駅。紡績女工が大量に解雇されて、それぞれの郷里に帰って行く途中。

さよなら　さよなら　さよなら　さよなら
さようなら　さようなら　さようなら　さようなら
そこは越中であつた
そこの小さな停車場の吹きつさらしのたたきの上で
娘と親ときようだいとが互いに撫で合つた

降りたものと乗りつづけるものとの別れの言葉が
べつべつの工場に買いなおされるだろう彼女たちの
二度と会わないであろう紡績女工たちの
その千の声の合唱が
降りしきる雪ぞらのなかに舞いあがつた

詩を解する人間ではない私には、このようなものがもしかしたら詩なのかもしれないと思うのみ。どうでもいいことだが、停車場はテイシャバ、工場はコウバと読まないと感じが伝わらない。

一九二〇年代後半といえば、大正から昭和に転換する時期である。プロレタリア派の対極に新感覚派を置くのが文壇的な見取り図だろう。しかも、一方は政治的、他方は芸術的であっても、ともにインターナショナルな世界同時・同質性を志向した。そこに昭和初年の文学の性格があった。

『文藝時代』の創刊（一九二四年十月）に新感覚派の出発を認めるならば、そこに掲載された彼らの中心人物横光利一の「頭ならびに腹」の有名な冒頭が、昭和文学の幕を開けたと象徴的な意味では言い得るであろう。

真昼である。特別急行列車は満員のまま全速力で馳けてゐた。沿線の小駅は石のやうに黙殺された。

あまりにも有名過ぎて、続く部分は石のように黙殺されていまに至る。こうなっていた。

とにかく、かう云ふ現象の中で、その詰み込まれた列車の乗客中に一人の横着さうな子僧が混つてゐた。彼はいかにも一人前の顔をして一席を占めると、手拭で鉢巻をし始めた。それから、窓枠を両手で叩きながら大声で唄ひ出した。

話はこの後、線路故障でこの列車が止まり、乗客は別の列車に乗り替えて去り、運転が再開されたときには、この子僧しか残っていなかったというだけ。しかしとにかく、この短い小説に文学史的な意味があるのならば、それはまさにかの特急列車がもたらしたのである。一方で横光利一、他方に中野重治。昭和文学は汽車に乗って。『文藝時代』同人の片岡鉄平、今東光が忽ち左傾したことを思えば、両極は同時代性に於て通じていたのではないか。鉄道がもたらした「近代」に於て。

そのように考えると、横光と形影相添うた盟友川端康成が「頭ならびに腹」のちょうど十年後に書き出して、昭和文学の一つの成熟を記録することになる「雪国」が、国境の長いトンネルを越えて、一九四七年の完結に向かう長い旅をはじめたのも、偶然とは思えなくなる。その最初の章で、夜汽車のガラス窓に映じた娘（葉子）の顔を灯火が流れて行く描写には、いかなる映画よりも映画的な印象を受けるが、映画も鉄道を産んだ十九世紀近代の技術革新の末子であり、昭和時代の進行に並行してめざましい成長を遂げた芸術ジャンルであった。川端はそれに先立つ時期、昭和初年に浅草に親炙し、当時文壇きっての日本映画通を自認していた。

しかし、おそらく、昭和の文学作品で（文学作品といえるもので）、汽車という存在を内側から、実際にそれを動かす労働として描いたのは、やはり汽車偏愛者中野重治でなければならなかった。「汽車の罐焚き」は一人の機関助手の生活と意見を主題として、彼の労働環境、労働条件、労働の実際を、執拗細密に描いている。先に詩「機関車」で〝彼〟の運動を分析的科学的に叙述しようとした中野にとって、素材となる作品を提供されたことは、千載一遇の好機だっただろう。列車運行の場に於ける機関手と機関助手の苛酷な労働の手順の一々を、これほど具体的に記述した文学は、日本語はもとより世界のいかなる言語によっても創造されていない（のではないか）。あらゆる汽車・鉄道談議は、この小説一篇の存在によって相対化される。

しかし、私は思うのだが、一九三六年作品「汽車の罐焚き」の印象は、どこか同時代の別の作家の或る小説を連想させるのである。島木健作『生活の探求』、一九三七年。

世間で大きな評判を呼んだこの作品に、最も手厳しい批判を浴せたのが中野重治であったことは、よく知られているし、容易に想像できるところでもある。ひと昔前には農民運動の現場で出会った二人だったが、事実、この頃から彼らが相容れる場面はなくなった。しかし、『生活の探求』で島木が行った農業労働（及びその周辺）の描写は、煩瑣なまでのディティルの記述への意志、情熱とでもいうものを、「汽車の罐焚き」と共有しているように見えるのである。むろん、その労働は異なる意味づけを施されるのではあるが。

彼らの資質の問題はあろう。また、彼らが信奉したマルクス主義の思考が要求する厳密さの産物でもあっただろう。しかし、その上に、おそらく、その思想のパースペクティヴに基づくマクロな構図の提示の可能性を断たれたが故の、ミクロな細部への密着でもあったのではないか。作者の志向は異なるとはいえ、そこに昭和戦前期（就中、十年代）の転向文学者の苦衷が潜在する。

ところで、いまでも汽車通学はあるのだろうか。四十年前の高校生には確かにあった。私はそうではなかったが、同級生にはいた。大都会の電車と違って、地方都市を通る汽車は本数が少ない。一時間に一本か二本、ともなれば、毎朝同じ顔ぶれが同じ列車に乗り合わすことが多い。『故郷《ふるさと》は緑なりき』という映画があった。一九六一年。汽車通学で知り合った男女の高校生の純愛物語。悲しい結末。セーラー服のヒロイン佐久間良子は、いまや遥かな伝説である。顧みて日本映画からこのような青春映画が消え去って久しい。近年再上映されたとも聞いていない。監督は村山新治。今日、過去の映画の再評価の機運はあっても、〝作家主義〟の視点では〝発見〟される可能性は低い。この国が惜し気もなく棄ててきた過去の文化のささやかなる一例か。

汽車通学は大正時代にもあった。伊藤整は自伝的小説『若い詩人の肖像』で、旧制中学、高商時代の汽車通学体験を描いた。私は数年前、小樽文学館の「若い詩人の肖像――伊藤整、青春のかたち」展を見て、彼の青春に汽車通学が持った意味を記しておいた（『文學界』一九九九年十月号）。記憶が鮮明な時点の文だから、ここに引用しておこう。

また一隅に汽車の座席の一画を再現して、塩谷・小樽間の車窓風景をヴィデオテープで流していた。整が中学時代の通学の車中で、先輩の鈴木重道（ペンネーム北見恂吉）に「藤村詩集」を借りて、それが彼を詩の世界に引き込んだこと、そして高商時代に同じ列車で通学する女学生重田根見子（本名根上シゲル）と識り合い、恋愛関係に発展することを考え併せると、これは「若い詩人の肖像」の核心への想像力を喚起するものであると思えた。実は私もこの区間の列車に乗ってみることを、今回の目的の一つにしていたのである。

私は二日後に実行していた。

小一時間待って到着した二輛編成のワンマン列車に乗り込む。次の駅の小樽までは十数分。二つのトンネルがかつての〝村〟から〝街〟への社会的心理的距離を暗示する。このようにその昔、伊藤整は、或いは日本近代のアムビシャスな青年たちは、〝村〟を後にして〝街〟を通過していったのであろう。そこにさまざまな記憶を残して。

汽車通学の、というよりは日本人にとって汽車・鉄道が持った意味に就て、私見は既にこの文章に述べてあった。最後にチチキトクで主人公が東北線で帰郷する件りに就ても、解釈を変更するほどの芸は、私は生憎持ち合わせていない。

上野駅が明治以来の日本で担った意味を失ったのは、一九九一年、東北新幹線（上越新幹線も併せて）が東京駅始発となり、上野は単なる通過駅になったときだった。その八年後に、長距離列車が発着した十八番線ホームが廃止されたのは、最早追認の儀式に過ぎなかったと思う。換言すれば、一九九一年まで、上野駅は北からの終着駅であり、北への始発駅であった。私にとって、その数十年前の伊藤整にとって、さらにその数十年前の石川啄木にとっての上野駅は、一九九一年まで続いていた。それは斎藤茂吉が一八九六年に上京したときと、本質的には異ならない、日本の近代が保証した空間と階級の可動性の集約であり象徴であった。「志」の成功と挫折の通過点であった（拙著『小津安二郎周游』第七章「『一人息子』の東京学」を参照されたい）。

もちろん、上野駅がそのように特殊な意味を持ち得たのは、そこを発着駅とする東北日本の人々に於てであっただろう。西南の人々には東京駅（さらに昔なら新橋駅）がそうであるはずである。だが、東京駅（新橋駅）には上野駅が持った暗く重苦しい気分を感じる人は少ない。要するに、東北日本は西南日本に比べて貧しいのであった。権力、富から遠く、疎外されてきた歴史が続いた。首都と田舎との格差の大きさが、上野駅を特殊な情念の空間にした。

一九三二年、プロレタリア文学の陣営に連らなっていた武田麟太郎の短篇「上野ステーション」。関西人の彼にとって、そこは過剰な共感や反撥を伴わない、時代の風俗の観測地点だったろうか。気負いのない風俗スケッチの下塗りに、彼は二つのその時期に固有の情景を描き込んだ。満洲・上海事変の進行を暗示する海軍陸戦隊の移動。もう一つは銘酒屋に売られる娘たち。前年の秋、東北地方は冷害で、空前の大凶作、大飢饉に見舞われていた。食べものが無くて、雑草まで食べたと報じられた。もともと貧しい小作農は、娘を都会の賤業に売るしか生きる手段はない。


男は津軽の方へ行つた帰りだと云つた。

今度もみすみす金を儲けそこなつたと云つた。

饑饉地へは誰も彼も買ひ出しに出かけて、彼の行つた時はすでに荒らされつくした後だつたと憤慨した。——役に立ちさうな娘はもう殆んどゐないと彼は断言した。おかげで、こんな玉しか掴めなかつた、と、ちよつとうしろの方を顚でしやくつて云つた。


東京の街を鉄道馬車が走っていた頃、まだ鉄道が通じない山形の田舎から徒歩で仙台まで出て、そこから汽車で上京した、少年時代の斎藤茂吉は、上野駅の灯火の明るさに驚く。のちに不夜城という言葉を知って、そのときの上野駅を連想する。その印象は、むしろ彼が後にしてきた世界の暗さを意識させる。それが東京駅に感じることが少ない、上野駅ならではの個性になった。人は闇黒から光の巷へばかり向かうのではない。都会から田舎へ、東京から地方へ流れ行く人生もある。小津安二郎の映画『東京暮色』（一九五七年）で、不倫で結ばれた中年の男女が、上野駅から侘しい旅立ちをする。行き先は北海道。夜汽車の客車の一隅に席を占めれば（実際はこんなにすいていないが）、チビチビやりながら行くしかない。安ウヰスキーのラベルをキャメラに向けるようにと、小津の指示があった。

だが、汽車に乗って都落ちできるのは、まだましだったかもしれない。戦前、不景気時代のどん底だった一九三〇年を、大宅壮一はこのように記録していた。

　東京に入りこんでゐる各街道筋には、徒歩で「帰郷」する失業労働者の群が陸続とつゞいてゐるといふ。だが、彼等はすべてもと〳〵故郷を追はれたものであり、しかもその故郷たるや、都会と同様に否都会以上に、窮乏のどん底に陥つてゐるのである。

（「一九三〇年の顔」、『中央公論』一九三〇年十二月号）

当時の新聞や雑誌で伝えられていた光景。このとき鉄道線路は、その上を走る汽車に乗るものではなかった。線路はそれに沿って歩くための道案内として、逆説的に存在したのである。

再び上野駅。集団就職列車の最初は一九五四年であったという。「集団就職列車は未来をのせて」（『週刊朝日』一九六五年四月二日号）。「東京で明るく働く少年たち」（『家の光』一九五七年十一月号）。戦後復興から高度成長期の日本を下から支えた若年労働層。中学を卒業したばかりで、東京の主として中小企業に吸収されていった少年少女たち。「金の卵」といわれた彼らが、最初に通過する東京が上野駅だった。一九七六年まで、この儀式は続く。

しかし、その時代、開高健の『ずばり東京』は、東京オリンピックの前の年、一九六三年の上野駅の地下道に残るもう一つの顔を忘れかねていた。

やっぱり何人もの浮浪者が集ってきて、ゴロ寝している。ここだけでなく、上野駅全体がいつ見てもそうなのだが、もはや死語になったという言葉を使うとすると、壁や道や床や小溝やまばたく蛍光灯など、いたるところに、〝戦後〟が蒼黒くよどみ、にじんで、荒んでいる。

敗戦直後、上野駅の地下道は、家を失い、家族を失った人々のねぐらになっていた。戦後というより東京大空襲の後からか。敗戦以前に既に戦後がはじまっていたということか。

地下道は、寄るべなく、住むあてもない引揚者、復員軍人、戦災者たちの仮住まいの地であった。なかば流浪化したそうした人たちの群れに、カツギ屋、買出し客の一部も加わり、地下道は異様な熱気にざわついていた。流浪の民、いわゆる「浮浪者」のなかには、子供たちも多かった。（「戦後民衆史の現場をゆく」第17話「浮浪児」、『サンデー毎日』一九七五年六月二十二日号）

浮浪児救済をテーマとした連続ラジオドラマ『鐘の鳴る丘』を、当の浮浪児、のちの児童文学者佐野美津男は、聞くすべもなかったという。

開高健が感受した〝戦後〟は、このような時代相の名残だった。だが、それは時代を超えて、近代日本の都会と田舎、東京と地方の落差、経済的・社会的な格差を背景に持つ、上野駅の宿命ではなかったか。そこから延びていった鉄道網は、そうしたギャップを拡大こそすれ縮小はしなかったのである。

集団就職列車に乗ってやってきた〝金の卵〟たちにも、明るい話題ばかりではない。逆に、ジャーナリズムがしばしばとり上げたのは、彼らの〝転落の詩集〟であった。むろん、そこに煽情的な話題を作れるという意図はあった。しかし、火の無いところに煙は立たぬ。永山則夫は、その典型に他ならなかった。

北海道網走に生まれ、小中学生時代を青森県北津軽郡で送る。父親が出奔して貧窮の家庭。小学生の頃から不登校児、家出常習。お定まりの東京への集団就職。そのための専用列車に乗ったことは言うまでもない。だが、一ヵ所になが続きしたことはなかった。彼が〝連続射殺魔〟になったのは、一九六八年、十九歳だった。

『略称連続射殺魔』という記録映画がある。永山が逮捕された一九六九年の作品。画面に主人公は現れない。ただ、彼が生まれてから移動した場所を、ひたすら映像に収めたものである。映画がはじまって間もなく、キャメラは彼の生地らしい網走の街はずれに据えられている。粗末な物置のような木造の建物が画面の三分の二ほどを占め、右側の限られたスペースの奥を、ときどき汽車が往来する。蒸気機関車が多く、たまに気動車が通る。映画はそれらの通過場面をピックアップして編集してある。その場面がしばらく続く。映画全体の中で、主人公が動き回った場所から、大都会の電車や営業をはじめてまだ数年だった東海道新幹線、それにいくつかの駅が撮されている。その時代の日本人の生活（犯罪を含む）に、それらが欠かせないものと認知させるように。共同制作・足立正生、岩淵進、野々村政行、山崎裕、松田政男、佐々木守。永山自身は、事件の二十年後、獄中で、小説「なぜか、海」に集団就職の旅を詳細に書き遺す。

私の前の住所の近くの飲み屋の親父は、秋田から集団就職で東京へ来たのだった。親父といっても同年輩である。いくつかの職業を転々とした末に、そこで飲み屋をはじめた。常連たちの溜り場になっていた。秋田訛りはまるで抜けていなかった。その彼が蜘蛛膜下出血で倒れたのである。命はとりとめたが、もう東京で尋常に働ける体ではなかった。結構女好きだった彼は、少し前に妻子と別れていた。店を閉め、一人秋田へ帰ったと聞いた。もう十年にもなるだろうか。ときたま店のあった通りを通ることがある。そこには別の店が入り、今はさらに代が替わっている。

萩原朔太郎の詩集『氷島』を読み直す。しかし、ここに収められている言葉の群を、詩というべきだろうか。

「帰郷」を読む。〈昭和四年の冬、妻と離別し二児を抱へて故郷に帰る〉との詞書が添えられている。

わが故郷に帰れる日
汽車は烈風の中を突き行けり。
ひとり車窓に目醒むれば
汽車は闇に吠え叫び
火焔《ほのほ》は平野を明るくせり。
まだ上州の山は見えずや。

夜汽車である。真偽のほどを詳かにしない。詞書の「冬」が実際にはそうでなかったように、これもフィクションかもしれない。だが、作者にとっても読者にとっても、それは夜汽車でなければならない。

しばらく進行に委ねて出くわす一行。

砂礫《されき》のごとき人生かな！

詩を解さない私にとって、これは詩ではない。詩なんぞであってたまるか。作者が天性の詩人であるが故に、詩という形をとってしまった、詩に成る以前の何か。不可避の真実。三好達治の追悼詩（これは間違いなく詩であろう）「師よ　萩原朔太郎」に曰く、

いはばあなたは一人の無頼漢　宿なし
旅行嫌ひの漂泊者
夢遊病者《ソムナンビュール》
零《ゼロ》の零《ゼロ》

と。

さて、「帰郷」の末尾は次の如し。

汽車は曠野を走り行き

自然の荒寥たる意志の彼岸に
人の憤怒《いきどほり》を烈しくせり。

夜汽車であった。この夜汽車は時空を超えて、いまも宇宙の何処かを走っているのではないか。その車窓から、いまも三好達治謂うところの「幽愁の鬱塊《うっかい》」が見つめている。チェーンスモーカーらしく「汽車の匂い」を身一杯にまとわせて。或いは、この詩人の名前すら聞かず、煙草の味も知らなかった、幼い私の夢の中でも。

思えば、子供の頃、夢で私を脅かした夜汽車とは、詩人の名を識り、煙草を吸うことを覚えるようになった私が生きてしまった、砂礫の如き、ゼロのゼロの人生、それに対する痛恨と憤怒の予感であったのだろうか。

『氷島』の別の詩に、

我れは何物をも喪失せず
また一切を失ひ尽せり。

さすればこれは、古本の山が崩れて圧死すべき未来であるか。

（「乃木坂倶楽部」）

Ⅲ　ふるほん行脚　完結篇

雑本哀楽２００８

風に吹かれて高尾―八王子篇

東京都下八王子。ミシュラン三つ星の高尾山。その高尾山口から京王線新宿行きに乗るはずを、一駅先の高尾まで歩くのは、そこに古本屋があるからで、せいぜい二、三キロ歩けば電車賃が節約できる。そんな風狂の歩行主義者が視界の限りで他に男がふたり。

高尾駅前のビルの名店街にある**文雅堂書店**は、月島の文雅堂の岐れで、もう少し新宿寄りの高幡不動（日野市）から移ってきた。東京のはずれに正統派あり。そこに**アゴタ・クリストフ『怪物』**（堀茂樹訳、早川書房、一九九四年刊）が出現した。五百円。戯曲五篇を収める。奇想縦横、甲乙つけがたい面白さ。その後に書かれた小説、あの『悪童日記』三部作（経堂・遠藤書店で各百五円で買って読んだ）も、当然の結果と納得した。**武田麟太郎『下界の眺め』**（有光社、一九三六年刊）はめずらしい。「純粋小説全集」第三巻として刊行された。千円。このプチブル都市生活者たちの不倫の連鎖絵巻が通俗小説の範囲を出るとは思わないが、それも転向の時代の気分だろうか。時の敗者の末路は、やがて国家に圧殺される都市のかりそめの自由を想像させる。

ＪＲ中央線で隣の西八王子駅周辺にはもはや古本屋は見当たらず、八王子へ出る。**佐藤書房**の廉価本は百五円。そこから**河合勇『小説朝日人』**（八木書店、一九六八年刊）を抜く。戦前の朝日新聞記者生活の回想記で、著者が畏敬する先輩緒方竹虎にもっとも多くの記述が割かれている。後年、吉田茂の後継者として次期首相を目前にした緒方の急逝（一九五六年）が、いかに世間を驚かせたか。小学生だった私の記憶にもとどまるほどで、ついこの本に手が伸びてしまった。**ウィリアム・サローヤン『ママ・アイラブユー』**（ワーク・ショップ　ガルダ、一九七八年刊）は訳者がユニーク。サローヤンといえば三浦朱門（『我が名はアラム』）とか小島信夫（『人間喜劇』）とか、小説家が訳書を出していたが、この本は岸田今日子（女優）と内藤誠（映画監督）の共訳というのが異色である。

二店舗が向かい合っている**まつおか書房**の店先の雑本は百円と二百円の二種あって、どうしても内容的に二百円組を選んでしまう。**河上秀『留守日記』**（筑摩書房、一九六七年刊）は「冬の時代に耐えた妻の記録」と副題がある、夫河上肇が入獄中の一九三三年から三七年までの日記。実弟大塚有章も右に同じ。さらに二女芳子の逮捕、釈放、結婚といった出来事もある。ただ、いまこれを読めば、きわめて変則的であっても日常は続き、そこに東京郊外住民の、食事、買い物、映画見物等々の生活の報告という側面も見いだせよう。もう一冊、**班忠義『曽おばさんの海』**（朝日新聞社、一九九二年刊）。旧満洲。文革下の少年時代に貧しい残留日本婦人と知り合って日本語を学んだ著者は、日本留学を果たし、彼女の苦難の一生を日本語で記す。だが彼女の帰国に尽力して、日本の親族が彼女たちを受け入れない現実に直面する。

戻りは京王八王子から。京王線一本ですませば都心に出るのと電車賃は変わらない。

御茶ノ水駅から駿河台下篇

駿河台下――御茶ノ水駅と神保町のあいだの中間地帯に、近年古本屋の進出が目につくようになった。裏町の新顔は特定趣味的ジャンルで売り込む傾向があり、となれば専門的関心から外れた雑本がお楽しみになる。これぞ古本屋歩きの王道ならずや。

とはいえ御茶ノ水の駅の並び、三進堂書店を一瞥するのが第一歩。『逸話に生きる菊池寛』（文藝春秋、一九八七年刊）を百円で。生誕百年記念の非売品でハンディな新書版。それから坂を下りていくのがこの日の順路である。古書会館の近く、かげろう文庫の美術書の客が気にとめるはずもないルオン・ウン『最初に父が殺された』（小林千枝子訳、無名舎、二〇〇〇年刊、同年二刷）を読んでみよう。五百二十五円。一九七五年から七九年まで、クメール・ルージュ支配下のカンボジアで何が起きたか。首都の中流家庭の五歳の少女は両親と長姉、末妹を失い、九人家族は五人になった。副題「飢餓と虐殺の恐怖を越えて」。人間の体験として極限の悲惨は言語に絶する。

明治大学の下のあたりに虔十書林。サブカル好みだが、外の廉価本に宮澤賢治ものが何冊か。しかし、私が選ぶのは阿部眞之助『近代政治家評伝』(文藝春秋新社、一九五三年刊)、二百円である。明治大正史のリーダーたちを偶像化の呪縛から解放する辛辣さが小気味よい。戦前戦中にそれは不可能だっただろう。馬場恒吾『平和と自由への驀進』(高山書院、一九四五年刊、四六年再版)も抑圧されていたオールド・リベラリストが敗戦五十日で書きあげた再スタートの書で、これはもう神保町裏エリアに入って、囲碁・将棋の本で知られるアカシヤ書店の百円本。だが、これも百円で書肆ひぐらしで買った高見順編『目撃者の証言』(青銅社、一九五二年刊)に収められた作家たちのレポートを読めば、オキュパイド・ジャパンのパンパン風俗が前面に押し出される。結局、日本人庶民の関心は目先の色と欲に尽きるのか。

とかち書房は千歳烏山から移転してきた。オールラウンドの店で、気分を変えて村松暎訳『杭州綺譚』(酣燈社学生文庫、一九五一年刊)、三百円の風流に遊ばん。原典は中国宋代の『京本通俗小説』で、本来、講釈師が寄席で語ったものという。全七篇いずれも最初と最後に「詞」が配される。ここは実際に唱われたらしい。訳者の解題に労作感がにじむ。

がらんどうの本拠は愛知県安城市。F・キングドン・ウォード『植物巡礼』(塚谷裕一訳、岩波文庫、一九九九年刊、二〇〇一年二刷)、三百五十円は雑本扱いにしては安くないが、北ビルマ、アッサム、チベットなど未開の地に分け入っての植物採集の体験記には、探検と発見の楽しさがあった。だが、「昭和」をレトロ感覚で売るこの店でD・E・アプター&澤良世『三里塚　もうひとつの日本』（岩波書店、一九八六年刊）を発見するとは。千円。三里塚闘争の社会的・人間的意味を客観的に分析し、しかもも共感をもって叙述した著作に教えられながら、それを懐古の対象とする時勢に、複雑な思いが去来したことは否めない。

ミステリー三昧、池袋西口篇

池袋西口、**池袋古書館**の店先に百円均一で並んでいたハヤカワ・ミステリの奥付を見るに、ついこの間と思っていたのがどれも刊行は十年、二十年のむかしである。少年老い易く、月日の流れはあまりに速い。それより古く、江戸川乱歩が住居《すまい》したこの地域の古本屋に、このごろミステリー物が目につくように思えるのは気のせいだろうか。

ともあれジュリー・スミス『ニューオーリンズの葬送』（長野きよみ訳、ハヤカワ・ミステリ、一九九三年刊）とコリン・デクスター『森を抜ける道』（大庭忠男訳、同、一九九三年刊）を選ぶ。かたやアメリカ探偵作家クラブ賞、こなた英国推理作家協会賞ゴールドダガーというお墨つき。前者は新米婦人警官一番手柄。あちらでは警官がマリファナ常用者でも問題なしなのか。後者はご存じモース警部捕物帳だけに、じっくりと読者を翻弄しにかかる。しかし著名（非英米）音楽家の名前を、日本で流通する読みでなく、たとえばバージット・ニルソンとか、英語風に表しているのはどうしたものか。

ところでこの叢書は一九五三年の創刊以来装幀の基本を変えていないが、同じサイズ、そっくりなデザインの別物が紛れ込んでいた。**M・ソロヴィエフ『草原の嵐』**（小野武雄訳、国際文化研究所、一九五七年刊）とはそも何物ぞ。ところはロシア。二十世紀初め、貧農の家に生まれた主人公の人生遍歴を革命、建設（シベリア開拓）、粛清、対独戦争の各段階で描く。スターリン独裁、共産党支配に次第に募る幻滅。原著は著者がアメリカ帰化の翌年、スターリン生前の五二年に出版。日本訳はスターリン批判後というのがなんとも微妙である。

立教大学へ行く通りの**夏目書房**で**レズリー・スティーヴン『スウィフト』**（高橋孝太郎訳、一穂社、一九九六年刊）、四百円。著者はヴァージニア・ウルフの父で、一八八九年の著作。作品以外のスウィフト、公私の生涯を読む。次の一行に出会えば無差別読書も無駄にはならない。「スウィフトは歩くことに対し世の善人賢人同様の情熱を持っていた」

小路を抜けて大通りへ。**八勝堂書店**の百円本、**橋本克彦&鎌田慧&野田峯雄ほか『鉄道員物語』**（宝島社文庫、一九九九年刊）は元版が八六年刊。旧国鉄が分割・民営化に直面した時期の現場労働者たちの記憶も、今昔の感で忘れられるのだろうか。店内に入って**半澤成二『大正の雑誌記者』**（中央公論社、一九八六年）、五百円。作家名諏訪三郎。大正後半、創刊間もない「婦人公論」編集者だった。主幹の嶋中雄作追慕の記。だが印象的なのは、同僚の美人記者波多野秋子の存在感。それに大正世相史を彩った日向（林）きむ（子）、芳川鎌子、松井須磨子たち。

この通りの先の光文社にはミステリー文学資料館が併設されているが、途中の近藤書店がなくなったので、ここで戦前の探偵小説で締めることにした。佐左木俊郎『恐怖城』（春陽文庫、一九九五年刊）、四百五十円。彼は「文学時代」の編集者。私など農民文学で認識していた人で、表題作の舞台はやはり「熊の出る開墾地」であった。

集う合間に馬車道—野毛篇

われわれ釧路湖陵高校十六期旧三年B組の面々は、近年クラス会に凝っている。東京および周辺の在住者、レギュラーは七名で、去年は三回集まった。集まってとりとめない話をする。晩年の小津映画の如く、とりとめなさに寛容な年頃になったということか。

四月の初め、郷里からのひとりを迎えて、花見を兼ねたクラス会が招集された。場所は横浜本牧の三溪園。小宴の後、山下公園に立ち寄る一行とは別に馬車道へ出た。来たついでに伊勢佐木町から移転した誠文堂書店を覗いてみよう。前の店では私の旧著『小津安二郎のほうへ』が刊行直後に逸早く出たことがあった（誰が売ったんだ！）。

それはさておき、廉価本があるからにはここで見繕うとする。清水安三『姑娘の父母』（改造社、一九三九年刊）が百円である。著者はいまでは誰も知るまいが、日中戦争下、一部で脚光を浴びた人だった。クリスチャンで一九二〇年に北京朝陽門外の貧困地域に崇徳学園を開設、以来中国で遅れていた女子教育に挺身した。その間の体験、随感を綴った一書。やや強引なワンマン性は、当時の中国、とくに婦女子の環境と意識（性道徳など）の前近代性への苛立ちでもあったのだろう。

「中山隆三　その人と作品」編集委員会編『中山隆三　その人と作品』（私家版、一九七九年刊）は戦中戦後期松竹大船シナリオライターの追悼録。収録自作が「飛び出したお嬢さん」と「鳩」で、B級娯楽映画専門だった。のち映倫審査員となったが、六十歳を出たばかりで病没。三百円の値付けは妥当な線。

さて、また一同に合流して関内までぶらぶら歩き、駅近くの立ち呑み屋で一パイ（じつは数ハイ）やって解散となった。だが私の一日はまだ終わらない。関内駅から伊勢佐木町へは入らず野毛方面へ向かう。途中に小さな古本屋があったはずだが消えてしまったか。結局、**天保堂苅部書店**に行き着いた。以前は東急東横線で桜木町まで来て（いまは横浜終点）この店がスタート地点だった。店構えはむかしながらの古本屋だが、とくに廉価サービス品は設けない。そこでじっくり眺めて**舛山六太『流氓』**（アドア出版、一九八八年刊）に反応した。八百円。老年に達した著者が遺書のつもりで書いた事実小説。日本敗戦後、激動する長春の日本人の苦難とロマン。とりわけみずからの意志で日本を棄てて、いずこへか去った人々に無告の民の意気地を読みたい。**外川継男『ロシアとソ連邦』**（講談社学術文庫、一九九一年刊、九二年三刷）は五百五十円。九世紀末の建国以来、ゴルバチョフ時代まで、支配の変遷と評価のバランスのよい記述。共産党独裁もひとつの王朝。領土問題にかかわる日露関係史に一章をあてる。

最後は**おの・ちゅうこう『風は思い出をささやいた』**（講談社文庫、一九七八年刊）で決めようか。

二百円。赤城山麓の村で生い育った日々をノスタルジックに綴る児童読物は、いまや民話の世界に近い。批評なき懐古を禁じ手とする私を使嗾したのは、むかし語りの幾時間の余韻であったろうか。

丘を越え東松原—駒場東大前篇

小田急線梅ヶ丘まで直接歩いて二十分。羽根木公園の丘を越えれば、もう京王井の頭線東松原である。その駅前、成城のキヌタ文庫の支店だった場所に、高井戸から中川書店（もと荻窪ささま書店の支店）が移ってきて数年が経つ。広いスペースで廉価本も都内有数だった高井戸時代に比べ、狭さの限界は免れない。それでも先日、百五円でおもしろい一冊を採集した。

ペーター・ハントケ『カスパー』（龍田八百訳、劇書房、一九七四年刊）は、ご存じカスパー・ハウザーを借りて、人間が言葉の習得によって社会化させられる意味を問う異色の戯曲。しかし私を興がらせたのは、扉にペン書きされた訳者の献呈の辞。ある女性（とくに名を秘す）に宛てて「眠れる力を目覚めさせ、一年間にわたり精神的支えに徹してくれたあなたへ／多大の感謝を込めて」とあった。その本が売られてしまったとは。

ここから井の頭線渋谷行きで四つ目、駒場東大前駅の並びに河野書店がある。向かい側にあった前の店舗より少々広くなったのは頼もしい。店先の雑本も見どころが増した。百円から五百円以上までであるが、やはり二百円以下で勝負したい。

百円で**松本正雄『過去と記憶――ファシズムと闘った人びと』**（光和堂、一九七四年刊）。日共系文芸編集者が回顧する一九三〇年前後、プロレタリア文化運動をめぐる群像のなかで、蔵原惟人の人間的魅力を知る。この松本が左傾以前に佐藤春夫や谷崎潤一郎の門に出入りし、谷崎の義妹の女優葉山三千子と親しかったというのだから、この世の奇縁に驚くのみ。

二百円本よりどりみどり。**前橋竹之『三角兵舎の月』**（私家版、二〇〇三年刊、同年二刷）。九州南端薩摩半島。知覧など陸軍航空隊の近く。一九四四年に中学に入学したが、授業は一学期のみ。あとは軍の指揮のもと勤労動員の日々。特攻隊の出撃を送る一方で、空襲が伯母や級友の命を奪う。敵の上陸に備えて「学徒義勇戦闘隊」が編成されて二ヵ月後、十四歳の戦争は終わった。戦争とは人間同士の殺し合いだった。**ロベール・ギラン『ゾルゲの時代』**（三保元訳、中央公論社、一九八〇年刊）。著者は周知の人だが、個人的回想なるがゆえに、主役は著者の部下にしてゾルゲの輩下だったヴケリッチである。皮肉なことに、ギランがヴケリッチ経由で得たゾルゲ発情報を駐日フランス大使にたびたび進言したのに、まったく本国には伝えられていなかったという。

ヘルムート・フリッツ『エロチックな反乱――フランチスカ・ツー・レーヴェントローの生涯』（香川檀、鈴木芳子訳、筑摩書房、一九八九年刊）は因襲、束縛を嫌って自由奔放に生きた伯爵令嬢（一八七一―一九一八）の評伝。だが彼女に一片の社会的意識もない以上、つい淫乱女一代記と読んでしまったのは勘違いだろうか。**アイリーン・パウア『中世に生きる人々』**（三好洋子訳、東京大學出版會、一九五四年刊、六四年五刷）は、中世人の生活の典型を六例、文献資料を駆使して再現する。学ぶべきはむろんそれらの知識ではなく、方法論でなければなるまい。

味出し蕨篇

一口に古本といっても年代はさまざま。とはいえ古い本ほど、その古本屋にも味が出る。京浜東北線で埼玉県に入り、川口と浦和の間、蕨の町でそんな古典的古本屋気分を楽しんだ。

西口、**旭書房**。店の半分は漫画だが、問題はもう半分。戦争関連が多いほか、意外にも明治大正期の本が散見する。そこで一冊、**村井弦斎『増補註釈食《しょく》道楽』全**（報知社出版部、一九〇七年四十七版。奥付には〇五年三十九版以降を記載、初版は〇四年）、八百円。和食洋食各種料理法を小説仕立てに織り込んだ啓蒙の書だが、大食漢の大原君と料理名人お登和嬢を中心とするストーリィがなかなか愉快で、会話が当時の日常話体の生態を伝える。いまにしてますます面白い明治の名著。本の造りが堅牢で、百年経ってもビクともしない。

おともは**小日向明朗**（張明樺）**『馬賊王小白竜父子二代』**（朱鳥社、二〇〇五年刊）。七百円。著名な父はさておき、戦後中国に残された息子の苦難の歳月は、毛沢東王朝の神話の現実を厳しく告発する。

東口、線路沿いに**古書なごみ堂**。世相風俗に関する本がめだつ。値段はしっかり付いている。

ひとまず**金貝省三&菊田一夫&榮谷睦男『春山小糸・夜光る顔・或る朝の接吻』**（武蔵野出版社、一九四六年刊）を抜く。敗戦直後のラジオドラマ集。六百円。菊田の「夜光る顔」は興味本位のスリラーで期待外れ。金貝作「春山小糸」に惨禍と混乱のなかで希望を見失わない、心温まる女性の人生が描かれていた。**マイケル・R・ボール『プロレス社会学――アメリカの大衆文化と儀礼ドラマ』**（山田奈緒子訳、同文舘、一九九三年刊）、八百円。プロレスを社会科学（社会心理学、文化人類学）的に学問研究に供する意図やよし。一九八〇年代末期では古強者ファンには新しすぎるが、それでも知った名前が次々出てくるから退屈せずに読み進む。アメリカでは下層・労働者階級の娯楽として、レスラーの役割は日本よりよほど定型化しているようである。それにカール・ゴッチ師はもとより、スタン・ハンセン、ブルーザー・ブロディなど日本で評価の高いレスラーに何の言及もない彼我の違いは、プロレス人類学のテーマとなるだろう。

大家《おおいえ》重夫『ニッポン著作権物語――プラーゲ博士の摘発録』（出版開発社、一九八一年刊）、五百円。折も折、著作権を侵害された当事者として、一九三〇年代の日本に吹き荒れた「プラーゲ旋風」の詳細を知ることは有意義だったが、それ以上に、国際条約を振りかざす「外人」を排除していく官民一致ぶりに「日本」を痛感する。

しかし、この店では**浅原六朗『或る自殺階級者』**（天人社、一九三〇年刊）の発見が私を大いに喜ばせた。「現代暴露文学選集」の一冊で表題作ほか三篇の短篇集。浅原については旧稿「浅原六朗、または一九三〇年という《場》」（『小津安二郎のほうへ』所収）を参照されたいが、七百円は破格のお買い得。しかもここの全商品一割引き。蕨よいとこ一度はおいで（本が重くて）ドッコイショ。

戦中戦後を想う北千住篇

梅雨どきの古本屋歩きはタイミングがむずかしい。雨の合間をいかに動くか。曇り空の一日、地下鉄千代田線で根津の弥生美術館（山川惣治展）に来たついで、その先、北千住まで足を延ばした。東京もはずれの足立区で、何か期待はできるだろうか。歩き回るうち、**なざわ書店**にたどりつく。

何冊か引き抜いては千円以上の値段で棚へ戻す。結局、九百円の川崎洋『サイパンと呼ばれた男――横須賀物語』（新潮社、一九八八年刊）が残った。サイパンで戦災孤児になり、戦後、米軍基地の町ヨコスカで靴磨きをしていた男が死んだ。同世代で同じ土地に生きた（基地の警備員だった）詩人が、彼の生涯を探索する。だが知りえたことは些小であった。読者はそのかわりに特異な都市の歴史、とりわけ戦後オキュパイド・ジャパンの凝縮された物語を読む。

日光街道に出たところ、**カンパネラ書房**では店先に戦争がらみの本が廉価で放出されていた。そこから何冊か選んでみる。まず火野葦平『廣東進軍抄』（新潮社、一九三九年刊）は裸本でも百円ならキープしたい。「兵隊三部作」姉妹篇ともいえる従軍記で、バイアス湾上陸から広東陥落まで（援蔣ルート遮断目的）困難をきわめた行軍はさながら「泥と兵隊」か。彼の兵隊ものには一種のさわりがあって、そこが読者に訴えたと想像する。

同じ日中戦争でも、中国側から見ると当然様相は一変する。国民政府軍の文人将校が南京攻防戦をテーマに二年後（三九年）に小説化した阿壠『南京慟哭』（関根謙訳、五月書房、一九九四年刊）は、当時は出版されず、八七年に陽の目を見た（彼は人民共和国側に加わるも、五五年逮捕、六七年獄死）。抵抗と敗退の場面が継起して、占領以後の日本軍の殺戮行為も描かれている。それでも著者は敵兵のなかにも一片の良心を見いだそうとする。百円。

百五十円本で石川達三『包囲された日本』（集英社、一九七八年刊）も、四三年に脱稿してこれが初公開。四〇、四一年の日本軍の仏印進駐を対米英開戦への決定的モメントと認識し、その経過を事細かに検証する。たしかに当時は発表を憚る内容だったかもしれないが、反英米の国民感情に背反するものではないと思う。南方といえば玉井紀子『日の丸を腰に巻いて――鉄火娼婦・高梨タカ一代記』（現代史出版会、一九八四年刊）は、戦前戦中期にサイパン、セレベスなどの島々を転々と娼売してたくましく生きた女性の聞き書きである。占領地域での日本人のやりたい放題の行状に対して「戦争に勝つほどひどいものはない」という一言が印象に残る。百円。

ここまで来た以上、さらに歩いて尾竹橋通りの健文堂書店まで行ってしまおう。狭い店内には幼童向けの絵本が半ばを占めるが、ここは上條英男『くたばれ芸能界』（データハウス、一九九〇年刊）を三百円で楽しみたい。一匹狼マネージャーが力説するのは日本の歌手の音楽性の低下と、色情市場たる芸能界の現実であった。この町の古本行脚も、それなりにサマになったということか。

武蔵小山で尾行篇

東急目蒲線の、いや目蒲線はもうなかった。地下鉄につながって、蒲田へは行かないいまは目黒線。その目黒線、武蔵小山を歩けば、ここでも古本屋の減少を知る。残るオークラ書房も老店主が細々と続けている感じである。それでも山下清『放浪日記』（式場隆三郎&渡邉實編集、現代社現代新書一九五六年刊、同年再版）を見つけた。三百円。戦中戦後、一九四〇年（十八歳）から五一年（二十九歳）まで。彼は放浪中、物乞いして食っていく。恵んでくれる人たちがいつもいた。いまと違って人の情があった。

結局、この街ではもう一軒の九曜書房で雑本の類を採集しよう。まず森山啓『谷間の女たち』（新潮社、一九八九年刊）、五百円。彼が小学二年生のときに自殺した生母。精神のバランスがとれない姉。いくたびかの曲折を経て結ばれた妻。それまでに現れては消えた女性たち。これがプロレタリア文学出自の作家が老いて達した境地なのか。同じく五百円で七尾和晃『闇市の帝王』（草思社、二〇〇七年刊）。副題に「王長徳と封印された「戦後」」とある。戦勝者の一員たる国府軍の下級将校が焼尽の東京で土地を買い占め闇市やキャバレーを経営し、巨富を得て、隠れた影響力は政界にまでおよぶ。「戦後」を知らない世代が裏面に生きた人物を通じて発見した歴史としてのその時代。

しかし、この種の近現代史ノンフィクションでは、鎌田忠良『日章旗とマラソン——ベルリン・オリンピックの孫基禎』（講談社文庫、一九八八年刊）が充実した力作だった。孫基禎の生い立ちからの事蹟、「東亜日報」日章旗抹消事件の経緯はもとより、背景となる日本と植民地朝鮮の諸事情、スポーツ界の動きなど周到な調査、その問題意識と方法論が作品に厚味を与えている。これで二百円は安かった。

桝田武宗『いちど尾行をしてみたかった』（講談社文庫、一九九七年刊）は、じつはこの店で最初に手に取った本。二百五十円。東京という最尖端都市におけるマンウォッチングは、かつての今和次郎らの考現学に通じるものか。場所が盛り場に偏し、特殊なタイプが選ばれているようだが、深夜、酔っ払いおやじの迷走を赤坂見附から大宮まで追跡するにいたっては、努力賞ものにちがいない。

店の前の均一二百円本も、もちろん見落とせない。日本の農村山村の消えゆく常民の生態＝文化を共感をもって記録したアン・マクドナルド『原日本人挽歌』（小久保薫訳、清水弘文堂、一九九二年刊）は、都市近代に追随する現日本人に対し、若いカナダ女性が提示した実践的批判であった。K・ラインハルト&L・ヴァン・デル・ポスト&M・エリアーデ&G・ショーレム『創造の形態学I』（辻村誠三ほか訳、平凡社エラノス叢書、一九九〇年刊）。二十世紀の知性が残した神話や宗教など原初への探求。初期カバラーの神の解釈の変遷をたどったショーレム論文は、さすがに素人には手に負えない。だが、巷に溢れる現象と感想の作文に欠けるのは、このような原理的思索と断じたい。

城から城へ、松本篇

八月の末、所用で訪れた信州蓼科高原は雨で、夏も終わりだったが、翌日松本へまわれば陽も射して残暑が居すわっていた。地方都市としては古本屋密度が高いこの町を歩くのは、旅の期待のひとつだった。

ところが出足はどうも調子が出ない。三洋堂書店には目ぼしい品がなく、松信堂書店と細田書店は閉まっている。ようやく四軒目、**アガタ書房**の店先に廉価雑本が待っていた。早速手にした**邦光史郎『日々これ夢――小説小林一三』**（淡交社、一九八六年刊）。この実際的で創造的な事業家に関する参考書を必要としていたので、百五円はありがたい。**長谷川四郎『シベリア再発見――開かれる自然と詩』**（三省堂新書、一九六八年刊）が二百十円。かつての抑留者の彼が約二十年ぶりの再訪で、過去にはほとんどふれず、開発で変貌が進む（当時の）現在、文学者仲間との交流を、むしろ愉しげに綴る。ソ連社会主義に未来を夢見た時代なのか。ソルジェニツィンが話題になるのは一度だけ。

店内で北原節子『空はいつも光っている』（学風書院、一九五七年刊）を加える。五百二十五円。雑誌「新女苑」編集者十年の記。三十代独身女性の生活と意見。当時小学生の私にも第五福竜丸は印象鮮烈だったが、若手批評家服部達の自殺はずっと後年の知識になる。島崎こま子（藤村『新生』のヒロイン）訪問記は女性ならではの特ダネか。

慶文堂書店は正統派で、店主も一家言あるが如し。値が張る本を横目に、一捻りして林杢兵衛編『川島芳子獄中記』復刻版（川島芳子記念室設立実行委員会、一九九八年刊）といこう。千五百円。元版は一九四九年で編者は養父川島浪速の秘書という。内容の真偽は判断しようもないが、芳子は松本高女に学んだから、この土地にふさわしい本なのである。書肆秋櫻舎も覗いてみる。ブッツァーティ『神を見た犬』（関口英子訳、光文社古典新訳文庫、二〇〇七年刊）、三百円。現代寓話集二十二篇、やはりイタリア人に神は身近であるらしい。

松本城近くの青翰堂書店の建物はお城の縮尺であると聞く。店先百円本でロナルド・タカキ『アメリカはなぜ日本に原爆を投下したのか』（山岡洋一訳、草思社、一九九五年刊）。著者は日系三世。黄色人種差別、対ソ連戦略は当然として、トルーマンの「男らしさ」にこだわる性格に着目する。さて中に入れば古い和漢書が多い。その隅っこにめずらしくもカヂノフオーリー文藝部編『カヂノフオーリー脚本集』（内外社、一九三一年刊）を発見した。『浅草紅団』のカジノである。その川端康成と武田麟太郎が序文を寄せる。三人の作者で計六篇、昭和初期の世相の尖端を伝える。その戦後のＴＶ時代に通じる軽快さ。とくに島村龍三の「ルンペン社会学」三連作は今日的ですらあるだろう。三千円を払う価値はあると思ったら、半額でいいという（しかも百円本はおまけ）。どうやら本年随一の掘り出しものになった。もっとも、それらを抱えて松本城天守閣の急な階段六階の昇り降りは、難儀なことではあった。

ぶらり中野—新高円寺篇

ＪＲ中央線で新宿から三つ目、中野駅北口サンモール街の奥、中野ブロードウェイは、ここを本拠とする漫画のまんだらけだらけの観を呈するが、ふつうの古本屋もひっそり棲息していた。二階に**古書うつつ**。文庫本の棚に**ダライ・ラマ『チベットわが祖国』**（木村肥佐生訳、中公文庫、一九八九年刊）があった。三百円。現ダライ・ラマ十四世の自伝で、五九年にインドへ脱出、亡命するまでを記す。今年も噴出した反抗と弾圧の構図は、中国共産党が領土意識では清朝を継承することを世界に示した。**つげ義春『新版貧困旅行記』**（新潮文庫、一九九五年刊、九八年八刷）。二百五十円。ときには家族旅行もあって、まるっきり貧困とはいえないが、秘境めいた山里、うらぶれた温泉宿への偏愛は、「猫町紀行」で現実と妄想のあわいに幻の原風景を招喚する。

四階の古書ワタナベには、古書展のため高円寺の西部古書会館に詰めているとの張り紙あり。ではそこまで行こうかと、ひと駅乗って降りたとたんに気が変わった。直接行くのも芸がない。いったん地下鉄新高円寺方面をまわって、戻ってくるのはどうか。

だらだら坂を登った先の勝文堂書店。百円本の伊藤整『知恵の木の実』（文藝春秋、一九七〇年刊）は当時の論客の一人一冊エッセイ・シリーズだった。いろいろ併せ読むと、「伊藤整（文学史）理論」が学者の仕事とは違う作家の個性の産物だと納得がいく。

坂の途中、古くからある西村屋書店は小さいながら健在である。牛島秀彦『巨人軍を憎んだ男——V・スタルヒンと日本野球』（福武文庫、一九九一年刊）、二百円。憎んだといっても愛着の裏返し。私などには投手スタルヒンは高橋・トンボといった弱小短命球団の名前とともにあったものだが。

さらに坂を下るとアニマルという店がある。スコット・M・ビークマン『リングサイド——プロレスから見えるアメリカ文化の真実』（鳥見真生訳、早川書房、二〇〇八年刊）は内容豊かなアメリカ・プロレス史。前に読んだ『プロレス社会学』より筋金入りの本格派である。若き日のリンカーンが三百試合もレスリングを闘っていたとはじめて知った。一九五〇年代以降の展開にメディアとプロモーターを中心に据える認識は、「通」にも十分説得力をもつ。刊行後三ヵ月で百円本とはもったいない。

百円本をもう二冊。アニータ・ブルックナー『秋のホテル』（小野寺健訳、晶文社、一九八八年刊、九〇年十三刷）。いわば『魔の山』状況に細叙された女のひそかな愛の屈折に、優雅な物語《メロドラマ》を読む。島村喬『シベリアの女囚たち』（宮川書房、一九六七年刊）。抑留十年、ラーゲリを転々とした著者が見聞したスターリン時代の陰惨な裏面、そして露骨な女の性《さが》。

大石書店まで来れば、もう高円寺駅に近い。店先廉価本、三百円にて京谷秀夫『一九六一年冬』（晩聲社、一九八三年刊）。『風流夢譚』事件・嶋中事件を当時の「中央公論」編集次長が再検証する。ジャーナリズムはいま何処にありや。かくて西部古書会館に着いたところで紙数が尽きた。

鬼子母神通り　みちくさ市篇

おそれ入谷の鬼子母神とか。だが入谷なら台東区。わが赴くは豊島区、雑司ヶ谷の鬼子母神。その参道でみちくさ市など称して古本市開催というチラシを、世田谷区内の古本屋で見つけて、物見高くも出かけてきたのである。十一月末、日曜日の昼下がり。JR山手線を目白で降り、学習院を過ぎゆけば、やがて都電の鬼子母神前。何やらそれらしき場所にたどり着いた。

要するに露店であった。さほど広からぬ現代東京気分のしない通りの両側の建物の軒先に、それぞれ数十冊の本を並べて客待ち風情。肩肘張らないのがただの雑本読みには心地よい。かくこそありしか往時の古本屋。日ごろはインターネットで商売しているのか、店の名も知らず、いちいち記録するにもおよぶまい。なんとなく手に取った本を挙げていこう。

まず目に着いたのが黒川鍾信『神楽坂ホン書き旅館』（NHK出版、二〇〇二年刊）。三百円。一九五四年に創業した神楽坂「旅館　和可菜」の物語。一時期、多くの活動屋（映画人）がシナリオ書き（彼らはそれを「勉強」と称する）の仕事場にした。オーナーは女優の木暮実千代。実質的経営者は妹の和田敏子。木暮の天真爛漫ぶりが楽しい。著者は彼女たちの甥にあたる。出色の登場人物といえば、渡辺祐介、下飯坂菊馬、石堂淑郎……一九六〇、七〇年代の映画事情に通じていれば、なるほどと思える人々がつらなる。そこへ作家の野坂昭如が加わり、のちには山田洋次・朝間義隆コンビが常連になる。潜在するテーマはやはり映画業界の衰退か。

山川方夫『安南の王子・その一年他六編』（旺文社文庫、一九七三年刊）。百五十円。私がこの作家の名前を知ったのは「ヒッチコック・マガジン」だから、巻末の年譜によれば一九六一年、高校一年であったのか。たしかにこれらの彼の初期作品が喚起したのは、遠い五〇年代の感受だったろうか。

柴田錬三郎『デカダン作家行状記』（中公文庫、一九八九年刊）。同じく百五十円。屈折した自恃の戯作。山川の著とも重なる時代の風景だが、極彩色の世相は、当時は田舎の子供だった身には夢物語に近い。

同じ本を午前中三百円、二時まで二百円、それ以後百円という店があって、二時ちょっと前でも百円にしてくれたのが獅子文六『愚者の楽園』（角川書店、一九六六年刊）。一九六四、五年の新聞連載コラム集。老いの昔語りめいた追憶談に味があった。こちらが多少反応できる同時代の話題よりも。

ちょうどそのころから島尾敏雄作品に親しんだ古い読者には、出て間もない島尾伸三『小高へ

――父島尾敏雄への旅』（河出書房新社、二〇〇八年刊）が早くも千円で売られていたのはラッキーだった。あやうく新刊で買うところだったので。

帰途、目白駅前のドトール珈琲店で一服しながら、早速この本を抜く。母から妹を引き離せなかったことへの後悔。やっぱり。そして父祖の地小高に建てた墓をめぐるいきさつ。さもありなん。二時間ほどで読了す。

二〇〇八年読書アンケート

印象深いといっても、さまざまな印象深さがあるわけで、ここではそのさまざまな印象のありようのままに選んでみよう。

1　「実録・連合赤軍」編集委員会＋掛川正幸編『若松孝二　実録・連合赤軍　あさま山荘への道程』（朝日新聞出版、二〇〇八年刊、同年四刷）。千四百七十円。

2　三好十郎没後50年記念誌編集委員会編『劇作家　三好十郎』（書肆草茫々、二〇〇八年刊、同年二刷）。千五百七十五円。

何しろこの年の新刊本を定価で買ったのはこの二冊のみ（古本屋では数冊入手）。しかもどちらも書店で買ったのではない。**1**は下高井戸シネマで映画を見たとき。**2**は早稲田大学演劇博物館に三好十郎展を見に行って。文章はさておき、クロニクルや著作年譜など記録そのものが面白く、読んであきなかった。

以下、例によって古本百円（*百五円）入手本。

3　加藤詩子『一条さゆりの真実』（新潮社、二〇〇一年刊）。下北沢・幻游社。

伝説のストリッパーの晩年に親炙した著者が、生前に聞いた話が虚構であったことを知り、死後その実像を探究していく。これは極端な例だろうが、それにしても人間はかくも己れの過去を創作してしまうのであろうか。日活ロマン・ポルノ『一条さゆり・濡れた欲情』の艶姿と、二十年後の写真に見る変貌が衝撃的。

4　楊興新『胡弓よ、わが思いを語れ』（ソニー・マガジンズ、一九九四年刊）。下北沢・ほん吉。

扉に「有縁千里来相会／敬子女士同存」と献辞あり。とすれば訳者江尻敬子に宛てたものか。それがどうして均一本になったのか。

5　楊逸『時が滲む朝』（文藝春秋、二〇〇八年刊、同年三刷）。池袋・古書館。*

三刷といえど、芥川賞とりたて作品が三ヵ月後にこの値付けとは。印象深いという点で勝るものなし。

雑本哀楽２００９

札幌ラルズ古本大合戦篇

毎年、正月は札幌で過ごすのだが、今年は折よく狸小路二丁目の百貨店ラルズにて、〝古本大合戦〟と称して古本市を開催中とあれば、やはり参戦せずにはいられない。むろん廉価でこそ戦果といえるのがわが流儀。

手はじめに『遠藤周作シナリオ集』（講談社、一九七一年刊、七三年二刷）。百円。映画『沈黙』はさておき、TVドラマ三篇は未見であったが、戦争で死ねなかった戦中派世代の心情の屈折は、狐狸庵先生のよき読者ならずとも彼の大衆向け作品で覚えがあるものだった。続いて長谷川伸『我が「足許提灯」の記』（時事通信社、一九六三年刊、六八年五刷）。百円。おそらく彼の生前最後の著述だろうが（没後刊行）、生涯の雑学の断片の数々を合切袋から取り出してくれた。一見無駄なNG知識の集積のようで、そこから、都新聞記者として活動写真記事を増設したのは彼だったと知ることもできる。実際、私の経験でも、いわゆる専門家の業界話より物識り老人との交流のほうが、はるかに豊かな〝人間学〟だった。

そのように楽しみたくなったのが**読売新聞文化部編『文壇事件史』**（読売新聞社、一九六九年刊）、**同『戦後文壇事件史』**（同、同年刊）。各三百円。エピソードで綴る文学史。坪内逍遥の落第から初のノーベル文学賞まで。多くは知られた話題であっても、明治時代の山田美妙家の女中（という表記が廃語でなかった）とか、樋口一葉の駄菓子屋の客だった子供とかがまだ健在で、そんな無名の人々への取材がいかにも新聞らしく、専門書とは違った感興なのである。

ところで私は北海道産のせいか、樺太や千島に対する関心は人一倍で、**水島冬雲『小説青春の継ぎ目』**（日本図書刊行会、二〇〇〇年刊）も樺太の話なので気を惹かれた。百円。著者は医師で、体験をもとにした創作とある。十八歳の少年が旅した樺太で敗戦を迎え、ソ連軍が進駐し、彼は一年半、その地にとめおかれた。そこ豊原は比較的治安がよかったのか、KGBに協力を迫られる一方で、元来歌好きなロシア人たちに彼らの歌を習ったりもした。そういえば子供のころ、近所に千島からの引き揚げ者のお婆さんがいて「ロスケのほうが親切だった。ヤポンスケは薄情だった」と言っていたのを想い出す。

リラン『余白のあるカンヴァス』（松岡和子訳、朝日新聞社、一九七六年刊）。二百円。中国系アメリカ人の画家で池田満寿夫の二度目の妻（つまり佐藤陽子出現以前）の〝早すぎる自叙伝〟。一九六〇年代のニューヨーク。有名無名の美術家群像とともに生きた青春が語られる。この人はいま……私は知らないのだが。

もう一冊、与田準一『五十一番めのザボン』（講談社文庫、一九七九年刊）は一九五一年作の児童文学。八十円。小学生読者から半世紀を隔てて読み直せば、戦後という時代の初志、希望と期待とが気恥ずかしいほどに溢れていて、かつて未来だった私たちの現在を思い、心が痛むのである。ザボンの木の実の五十一個目、名づけて「ア、キラキラ」。

「たえがたきをたえ」つくば篇

地下鉄千代田線を北千住でJRつくばエクスプレスに乗り換える。終点つくばは大学のお膝元で、古本屋も六、七軒はあるはずだった。ところが、これが案に相違した事の次第を報告しよう。駅に降り立ち、歩き出す。駅前に西武とジャスコあり。だがそれからは、行けども行けども店屋がない。まれにコンビニは点在しても、普通の八百屋、魚屋とか床屋、食堂の類を見かけない。それはまだしも、問題は古本屋の存在である。まず一軒、これは漫画、CD、ゲームの店で、すぐ手ぶらで出た。それから本格的な歩きが始まった。そして学園都市古書センターにやってきた。

店先の百円本をチェックして、I《アイ》の会（伊藤一男編）『たえがたき・を・たえ』（PMC出版、一九八二年刊）をマークする。元新聞記者の編者を中心にした女性投稿者のグループが持ち寄った戦中戦後の生活記録集。主婦として女学生として体験した〝あの時代〟。女性の視点はさすがに日常の細部にわたり、後世に伝えるべき一書をなした。表題は例の詔勅に由来するが、戦争によって人生のあらゆる場面でもっとも苦難を強いられたのは〝爾《なんじ》臣民〟であったことを銘記すべきだろう。

一通り正統的編成の店内で見逃せなかったのが陳桂棣＆春桃『中国農民調査』（納村公子、椙田雅美訳、文藝春秋、二〇〇五年刊、〇六年二刷）。千三百円。二〇〇四年の中国で出版後二ヵ月で発禁になったという。都市偏重の経済発展の陰の部分、犠牲にされた農業・農村・農民の実態に迫るノンフィクション。地方行政に蔓延する腐敗、過剰な搾取、改革をめぐる紆余曲折。むかしながらに貧しい農民たちの「たえがたきをたえ」る実情を知る。著者夫妻は中央政府には恭順な態度だが、問題が統治体制にある以上、いくら鄧小平談話を錦の御旗にしても、危険視されざるをえないのか。発禁後海賊版で大売れとはこの国らしい。

荒正人（編者代表）『近代文学の軌跡――続戦後文学の批判と確認』（豊島書房、一九六八年刊）。必要あって戦後文学に関する周知の基礎文献を五百円で買い直す。ついでに百円文庫本でルイジ・ピランデルロ『旅路』（内山寛訳、ハヤカワ文庫、一九七六年刊）。収録短篇十八作のほとんどが死の影の下にあった。

さらに歩いた。しかし、古本屋は次々と消えていた。筑波の大学生は本など読まないのか。もう一軒だけつかまえた筑波学園文庫には、幼稚でマナーの悪い学生どもに警告する張り紙があった。明かりもつけない薄暗い店内から採集したのが立原正秋＆小川国夫『冬の二人――立原正秋・

小川国夫往復書簡』（創林社、一九八二年刊、同年四刷）。五百円。立原没後に小川が編んだもので、文名確立以前の濃密な友情の交流を読む。立原の同人誌「青銅時代」批判——文学誌は大学の紀要ではない。小川の島尾敏雄観——人生の厖大な無駄・瑣事迷路を筆一本で芸術と化す。

この人工都市に五時間を過ごして、四時間半はただただ歩いていた。つくば住民はどこで酒呑むのかと思いながら。

古書往来座、外市も篇

新刊書店には用がないから、池袋東口、ジュンク堂は横目に眺めて通り過ぎる。その先に古書往来座がある。そこの外壁に本を並べて、ささやかな古本市が催されていた。

ここで最初に手にした金賛汀《キムチャンジョン》『検証・幻の新聞「民衆時報」——ファシズムの台頭と報道の原点』（三五館、二〇〇一年刊）は重く刺激的な一書であった。だいいち私はこのときまで「民衆時報」なるものの存在をまったく知らなかったのである（同じ著者の『異邦人は君ヶ代丸に乗って』でふれられていたのだが）。この新聞は一九三五年から翌三六年にかけて、大阪で在日朝鮮人有志の手で二十七号まで発行された。奇跡的に秘匿されていた揃い（欠有り）によって本書が成った。反権力イデオロギー主張が不可能な状況下、社会面的興味も盛って当時の「在日」の人々の実態を反映しているという。生活の全面にかかわる差別。潜在する左翼的問題意識、民族志向は、日本の報道が官憲に盲従するなかで可能な限りの抵抗を試みるが、幹部の一斉検挙で廃刊。中心人物の金文準は拷問がもとで死亡した。彼らの知られざる歴史を学ぶことは、むしろ日本人にとってこそ有益だろう。五百円。

『高見順自選小説集』（竹村書房、一九四二年刊）は彼の過去の小説集、随筆集から十篇の短篇を選ぶ。時局柄、収録作品の傾向に配慮した点に、執筆時から数年間の抑圧の進行が示されている。それでも映画の大部屋俳優が登場したり、自身のレコード会社勤務の体験が反映されたり、風俗的興味が少なからず含まれ、昭和の小説を読む実感がある。何やら未整理の夾雑物が生き残るのが、小説の面白さでもある。三百円。

中野好夫編『現代の作家』（岩波新書、一九五五年刊、五六年四刷）は「文学」に一九五二年から五四年まで連載された、二十人の作家への聞き書きである。正宗白鳥から戦後派まで、作家として立つまでの自己形成、読書遍歴が語られる。文豪といわれた小説家島崎藤村がまるで話題にならない不思議。あるいは、スターリン批判以後だったら、中野重治にこのようなスターリン評価はあっただろうかとか、いろいろ感慨に誘う。五百円。もっと安く買えそうな気もしたが。

往来座の本体も、もちろん探検しなければならない。そこから**川井龍介『「十九の春」を探して』**（講談社、二〇〇七年刊）を選んでみた。七百三十円。一九七〇年代に沖縄の歌として流布した「十九の春」のルーツの探究が主題である。著者は加計呂麻、与論、石垣、与那国などの島々をめぐり、沖縄本島を訪れ、「嘉義丸のうた」「与論小唄」「悲恋歌（失恋歌）」「ジュリグァー小唄」といった酷似する歌に出会う。そしてそれらの背景となる歴史の断面を知ることになる。むしろそのひろがりにこそ、この本の真価があった。

共同通信社編『東京　あの時ここで――昭和戦後史の現場』（新潮文庫、二〇〇九年刊）は出て二ヵ月後で二百六十円。どうやら私の場合、同時代感受と歴史が併行するのは、十歳ころかららしい。

東京初上映で小岩訪問篇

東京の東端、小岩を訪れるのはほとんど二十年ぶり。改札口を出て目の前にある地元出身の名横綱、栃錦の像も見るのは初めてだった。今回足を運んだのは、この地で毎年恒例のドキュメンタリー映画の鑑賞会に、近年発掘された清水宏監督の短篇文化映画『奈良には古き佛たち』（一九五三年）がプロミングされていたからである。東京では初上映。清水再評価の発起人としては見逃せない。

南口。会場への道筋に、どですか書店あり。漫画と文庫が大半というなかから、百五円のウィリアム・J・パーマー『文豪ディケンズと倒錯の館』（宮脇孝雄訳、新潮文庫、二〇〇一年刊）を選ぶ。歴史上の人物を主役にした探偵小説はめずらしくないが、ディケンズのみならず後輩作家のウィルキー・コリンズをワトスン役に配したアイディアが効いていて、コリンズと娼婦メグとの交情など、フェミニズムの視点も加えて読ませどころだろう。思えば両作家はこのジャンルの成立に寄与した人たちだった。そこに実在したポルノグラフィ・コレクターを絡めたのが一篇のミソ。

しかし、小岩の古本屋事情に、一片の寂寥の感は禁じえない。駅周辺、北口側には**高橋書店本店**のみ。支店は姿を消していた。本店も半分は漫画本。かくなるうえは店先の百円本を漁ってみるか。

当節左翼系は人気薄らしく、**神崎清『実録幸徳秋水』**（読売新聞社、一九七一年刊）が出ていた。帯に「幸徳秋水伝の決定版！」とあるのに偽りなし。永年の探究の成果が、五〇〇ページあまりにギッシリ詰め込まれて、幸徳の思想の遍歴が跡づけられる。読みである一冊だったが、この偶像否定者も共有する明治知識人の漢文の素養は、もはや復元不能な文化であろうか。それに神崎の口吻には社会主義への思いが仄見えて、この著作の年代を知るならば、一抹の感慨なきにしもあらず。

荒畑寒村『寒村茶話』（朝日選書、一九七九年刊）。幸徳とは管野スガをめぐる因縁深き荒畑寒村。しかし、ここでは恩怨を超えた米寿翁の昔語り。血の気の多い社会主義者も生まれは横浜の郭のなかの引手茶屋で、芝居や芸能にも通じた、人間的教養の豊かさが雑学者には嬉しい。新派の濫《らん》觴《しょう》とされる角藤定憲や川上音二郎の壮士芝居まで見ている。歌舞伎、落語、講釈、活動写真、女義太夫……。隅に置けない。

店内にて、**井村君江『アーサー王ロマンス』**（ちくま文庫、一九九二年刊、九七年八刷）二百円。アーサー王は案外女性の誘惑に弱いようだが、小学生のころに読んだ物語に、そんなくだりはあっただろうか。

界隈を歩き回った末、結局どですか書店に戻りデビット・ゾペティ『いちげんさん』（集英社文庫、一九九九年刊）、百五円を加える。日本語小説を異人さんが書いても、もちろんいい。これは少々〝小説〟らしすぎる気がしたが。

さて、清水宏の珍品作品の上映に、映画の研究者や評論家の姿はなかったようである。そんな連中なのさ、あいつらは。

レトロを味わう横浜白楽篇

県立神奈川近代文学館「森鷗外展」最終日にかけつける。それから古本屋めぐりに出かけよう。横浜から東急東横線で三つ目、白楽でも歩こうか。駅前、だらだら坂を下る六角橋通り。むかしながらの気分が残る商店街である。その途中、**鐵塔書院**はオールラウンド、正攻法の店。できれば安くまとめたい。

しかし、百円文庫本ではマーガレット・ミラー『眼の壁』（船木裕訳、小学館文庫、一九九八年刊）一冊か。ほぼ翻訳された夫のハードボイルド派ロス・マクドナルドに比べて、心理サスペンスの彼女は永らく紹介が途切れ、初期のこの作は五十年余を経ての初訳である。日本の読者の好み、選択が働いたのだろう。いま読んで、遅れてきた思いは否めない。

楳垣実『外来語』（講談社文庫、一九七五年刊）は三百円で、大いに堪能できた。古代から戦後までの外来語の数々をとりあげて、時代の背景におよぶ。随所にユーモアと皮肉をまじえた読み物風の著述ながら、確証と推論を厳格に峻別し、学問研究の奥深さを伝える。学者も年季をかけてこそ。著者いわく「見聞の狭い者ほど簡単に断言しやすいのは昔からの例だ。知れば知るほど自分の無知に愛想が尽きるものと知らねばならぬ」と。私も、謎だった「ハバハバ」の意味と由来を知って、同じ心境を深めたのだった。

店内で、エヴリヌ・ピエイエ『女流音楽家の誕生』（金子美都子、川竹英克訳、春秋社、一九九五年刊）が音楽ファンとしては気になって、千五百円を支出してしまった。十七世紀から十九世紀のフランスで、特異華麗に生き、そして忘れられた女たちの列伝はユニークな女性史ではあった。

六角橋通りを下りきった先にある二軒には、一時代前の古本屋風情が生きている。何か買わずにいられない。小山書店では、まず秋山清『夢二とその時代』（レグルス文庫、一九七八年刊）、三百円。ついに権力権威に同調しなかった竹久夢二像が強調される。岡村俊彦『叛乱地帯』（文献社、一九六二年刊）。これも三百円。敗戦間近の支那派遣軍が親日派中国保安隊を使っての情報工作。人間関係が二転三転するなかで、信義と友情を貫く中国人将校に光をあてる。これは実話であるという。発行者・牧野英二！

伊藤整『我が文學生活』（細川書店、一九五〇年刊、五一年四版）は、戦後五年間の随筆集成。後の文芸論に集約された思索の跡をたどるとともに、零《ゼロ》から再出発した戦後文学の文壇的整備の微妙な推移の観察として貴重な一書。大日向葵なる人は一作のみで筆を絶ったのか。五百円分の興趣に値した。

もう一軒の高石書店とは相性が悪い。行くとたいてい閉店の日。じつはこの日もそうだった。癪だから数日後に再訪した。われながら渋い選択と思いながら、深田久彌『春蘭』（東峰書房、一九四一年刊）を読んでみよう。七百円。こちらは戦前（一九三〇年代）十年間の評論・随筆集。伊藤整が考察した日本語近代文学とはズレた存在なのだろう。いまとなっては散漫な文学論より懐旧的短文に味わいあり。オレもトシをとったのか、人並みに。

勝手にしやがれ水道橋篇

ＪＲ水道橋駅から神保町交差点までの道筋は、古くは三崎町といって、都電が通っていたと思う。神保町の延長で学生時代からなじんだエリア。丸沼書店からはじめよう。大学の教科書主体の店なので、見るのは百円文庫本。そこに一〇〇ページ足らずの高木正秀『シベリア虜囚記』（三重県保険医協会、一九八四年刊）が埋もれていた。北朝鮮の病院の青年医師がソ連参戦で召集、軍医として一週間で、三年あまり抑留された。だが戦争には懐疑的だった彼は、ソ連の現実に理解を示し、捕虜たちの民主化運動にも参加する。

小さな角店の有文堂書店では、マイケル・クーパー『通辞ロドリゲス――南蛮の冒険者と大航海時代の日本・中国』（松本たま訳、原書房、一九九一年刊）が見逃せなかった。八百円。ジョアン・ロドリゲス。ポルトガル人。一五八〇年ごろ、少年の身で日本に渡り、抜群の日本語能力でイエズス会と日本の政権との交渉に活躍。日本滞在三十余年。追放されてマカオを本拠に二十数年。『日本教会史』を著す。彼の生涯は、切支丹対策と南蛮貿易の魅力の間で変転する日本の政策の証言でもあるが、さすがに豊臣秀吉の個性は際立っている。

日本書房は国文学専門で、ここも店先ですます。百円で山本健吉『私小説作家論』（角川文庫、一九五二年刊）があった。一九四〇年前後に書いた彼の出発期の仕事で、作家九人をとりあげた懇切な解説。なかで嘉村礒多など特別愛好する私でも、葛西善蔵となると他人事《ひとごと》でなくなってくる。正宗白鳥『根無し草』（実業之日本社、一九四七年刊）も二百円ならことのついで。標題作および「他所の恋」、中篇二作を収める。例によって例のごとき〝白鳥節〟ながら、凡俗の人生には彼ほどにも楽しい何事も起こらなかったのだから不公平な話である。「他所の恋」は知人の話として語られる、男と女の恋ともいえない奇妙な関係。勝手にしやがれ！

ゾッキ本を扱う松本書店。そこで末永昭二『貸本小説』（アスペクト、二〇〇一年刊、同年二刷）に出会うのも一興であれば、九百円の出費はやむをえない。いまや消滅した一九五〇年代後半限定の下層大衆文化の復元に対する著者の努力を買ったつもり。城戸禮、宮本幹也、三橋一夫等、読むのすら徒労と思えても、しかし、それらが同時代の量産娯楽映画の世界と流通したのである。

山口書店は外国文学専門で、気軽に手が出る値段の本は少ないが、トゥルゲエニェフ『ブウニンとバブリン』（小沼達訳、岩波文庫、一九二九年刊、三八年六刷）が百五円で手に入った。中学二、三年のころ、多少ツルゲーネフを読みかじった私に、不遇の「共和主義者」と善なる生活無能力者を描いたこの中篇には、「悩める若者」の共感が不足していたろうか。

それにしても、アダルト本のアムールショップで、櫻井忠温《ただよし》『哀しきものの記録』（文藝春秋新社、一九五七年刊）と遭遇したのは意外の極み。五百円。かの『肉弾』の著者も戦後は忘れられた。軍人としての半生、戦死した知友や名も無き兵士たち、戦争につきものの女たちが、老残の回想に明滅する。

ブックステーション武蔵野閉店篇

前にも書いたと思うが、三鷹駅は北口側は武蔵野市の領域である。大通りを進むこと十数分で五日市街道にぶつかる、その少し手前、妙にクラシックな構えのビルの地下にブックステーションがある。一時は市内に五軒あったチェーン店の最後の生き残り。ところが七月末に通りかかったら、八月いっぱい閉店セールとあるではないか。惜しむ気持ちもあらばこそ、全品三割引きに乗じて、ふだんは手が出ない、多少値が張る本にも目が行ってしまった。F・スペンサー『ピルトダウン――化石人類偽造事件』（山口敏訳、みすず書房、一九九六年刊）。一千五百円（の三割オフ、以下同じ）。化石人類〝ピルトダウン〟といえば、一九一二年の発表から、五三年に偽造と証明されるまで、人類の祖先ともみなされて、私の子供のころの記憶にもあるものだが、この本は当時の学界の状況を背景に、事の発端から論議の過程を、文献を精査して記述し、最後に黒幕の推定にいたる。関係者それぞれの人間像が描き出されて門外漢をも退屈させない。質の高い知的エンターテインメントとして大いに楽しむ。

進藤榮一『分割された領土――もうひとつの戦後史』（岩波現代文庫、二〇〇二年刊）は、〝戦後〟日本の〝外交〟を論じて、一九四七年にアメリカの沖縄占領継続を肯定した日本国天皇のメッセージを明らかにした論以外にも、守旧派対改革派、吉田茂対芦田均という構図によって未遂の可能性を探る発想が興味深い。新憲法制定の過程についても、たんなる押しつけでなく、日本側で呼応するリベラル改革派の存在を重視し、土着化の動きに注目する。一読の要あり。六百六十円（同）。

武内辰郎『詩人の戦後日記』（オリジン出版センター、一九九三年刊）。七百円（同）。一九五一年二月十七日、新日本文学会中央常任委員だった著者は、スパイと疑われて共産党フラクションの査問にかけられ、その屈辱的体験は生涯を支配した。中野重治『甲乙丙丁』への批判的註釈。そこにもまた抹消できない「もうひとつの戦後史」があった。

気分転換に**ラート＝ヴェーグ・イシュトヴァーン『書物の喜劇』**（早稲田みか訳、筑摩書房、一九九五年刊）はどうだろうか。本をめぐるエピソード雑学大全。八百円（同）。だが「誤植の悪魔」がわが身にふりかかれば笑ってばかりもいられない。知識・情報の陳列自体は、創造とは必ずしもいえないとも思う。さらに突然読み直したくなって、**中島敦『光と風と夢・李陵』**（新潮文庫、一九五一年刊、六二年十一刷）を四百円（同）で発作的に買う。

ところで『若草物語』シリーズは全部で何作書かれたか。知る人ぞ知る四部作である。私もじつは第二部までしか読んでいなかった。そこでオルコット『第三若草物語――プラムフィールドの子供たち』（吉田勝江訳、角川文庫、一九六一年刊、九五年二十二刷）および『第四若草物語――ジョーの少年たち』（吉田勝江訳、角川文庫、一九六三年刊、九五年十九刷）を、この際読んでおこう。三百六十円と三百三十円（同）。五十余年をかけてマーチ家の物語《サーガ》を完走したわけである。

以上合計、三割引きで四千二十五円也。餞別代わりに少々気前がよすぎたかな。

薄野―鴨川１９０９篇

週のはじめは亡父の七回忌を札幌で。週末は山中忌で京都へ。九月に入ると忙しい。山中貞雄は二十八歳で戦病死し、父は九十四歳まで永らえたが、どちらも同じ一九〇九年の生まれである。

ともあれ今回は札幌都心部の古本屋を回ると決めていた。

狸小路には大學堂書店が生き残る。和本なども扱って古風の体裁を保つ。種々雑然のなかで影山稔彦『巷の歴史』（櫻井書店、一九四七年刊）が目に入った。千五百円。戦争末期、東京M（茗荷）谷の町会の防空班長になった主人公の大車輪の活動。好悪の感情が激しく周囲との軋轢も絶えない。当時の庶民の生態記録として珍重したいが、文学として戦後を生き抜く水準ではなかった。

百円本で筑波常治『破約の時代』（講談社、一九五七年刊）は華族に生まれた科学史家の自伝である。戦後の時代風潮との微妙な距離感を読む。

以前はこの先に八光堂書店という楽しい店があった。いまはないのでただちに薄野《すすきの》に出よう。そこの北海堂書店も古いなじみ。狭い間口を奥に進む途中で真山仁『虚像《メディア》の砦』（角川書店、二〇〇七年刊）にひっかかる。九百円。「日本の妄想」を支配するテレビ局の内情を、さもありなんと納得する。文庫本で大宅壮一『日本の遺書』（角川文庫、一九七二年刊）。百円。近衛文麿の最後の日々と、遡って青年時代を描いた長篇小説。一九五〇年の作だが、政界の中枢で〝戦犯〟的行動をした時期が書かれていないのが、中途半端な印象を残す。薄野ではもう一軒外せない石川書店が、定休日でもないのにシャッターが下りたまま。仕方がない、そのぶんは京都で埋め合わすしかなさそうである。

そこで場面は一挙に京都へ飛ぶ。これまで未踏だった鴨川沿いの川端通りと二条通りが交わる界隈を探索した。水明洞では思いのほか百円本が多く、ひとまず児玉隆也『現代を歩く』（新潮社、一九七六年刊）を取り分ける。イタイイタイ病も宮田輝も、三十余年は無常迅速。時事的なレポートより人情に触れた小品文が、俗に通じれば時間を超えるのか。田辺章一『トーキー大日本帝国史』（共立社、一九三五年刊）も百円ならば買っておく。前年に大阪毎日・東京日日新聞社が懸賞募集した「日本精神作興」発声映画脚本当選作。神話の天孫降臨から満洲国建国まで、国粋史観の絵巻物はさすがに映画化されなかったにせよ、メディアはこのように時局に反応し、先導したのである。

この水明洞の中間にはさまれて中井書房が存在した。絶版品切文庫二百円の棚からエクトル・マロ『家なき娘』上・下（津田穣訳、岩波文庫、上下とも一九四一年刊、八三年二刷）を抜く。『家なき子』姉妹篇とはいえ、工業化の進行と社会政策という問題意識には明らかな十九世紀末の刻印がある。ヴェルマ・ウォーリス『ふたりの老女』（亀井よし子訳、草思社、一九九五年刊、同年二刷）は百円本。極寒に棄てられた老女たちのサバイバル。アラスカ・インディアンの伝説は老年世代への敬意の復活を訴える。

全冊、二週間で読了。日日是ハード！

チトカラ・チトフナ縦断篇

京王線の千歳烏山は東京二十三区の西北のはずれに位置する。以前は点在した何軒かの古本屋もいまや絶滅した、かにみえた。ところがそこに一軒出現していたのを私は発見した。全品半額とあるのにつられて狭い店内を覗けば、見栄えのしない雑本ばかり。それはいいが、店番がいない無人ではないか。ただ在日韓国人を歌った演歌が流れるのみ。支払いは向かいの不動産屋へ、とある。とにかく何があるか目を走らせる。

寺下辰夫『わが師わが友――珈琲交遊録』（いなほ書房、一九七九年刊）、二百円（の半額）。著者は文壇周辺文化人とでもいうのか、コーヒー・マニアで、やたらつきあいが広い。焦点定まらぬ著述のなかで、通人吉井勇の言が教訓的だった。道楽、色の道を究めた果てに得るものはない、無である、と。また著者は関東大震災直後に同人誌「異端」を編集したが、のちの映画監督豊田四郎が助手だったという。知られざる豊田の前歴を知る。

ペーター・ジィフロフスキー『お父さん、戦争のとき何していたの――ナチスの子どもたち』（マサコ・シェーンエック訳、二期出版、一九八八年刊）、三百円（同）。ユダヤ人の著者による戦後世代へのインタビュー集。ナチス世代は子供たちに自分の過去をほとんど語らず、だが精神構造はむかしと変わらず。また六〇年代以後の生まれに反‐反ファシズム傾向がめだつ。**大関酒造株式会社編『酒さけ酒』**（毎日新聞社、一九六七年刊）、三百円（同）。日本酒の知識あれこれ。そして灘の酒造業の発展過程の経済史的記述。酒好きとして、習ヒテ時ニ是ヲ学ブ、マタ説《ヨロコ》バシカラズヤ。不動産屋のレジでその店の名前を尋ねたら、たんに**古本屋**という答えであった。

さて、これからどこへ行く。バスで南下して小田急線の千歳船橋へ出るとしようか。チトカラからチトフナへ。ここも近年古本屋は現れたり消えたりだが、一貫して街の要素に定着しているのが**一光堂書店**である。この日は店先廉価本にて**ギュンター・グラス『蟹の横歩き――ヴィルヘルム・グストロフ号事件』**（池内紀訳、集英社、二〇〇三年刊）、二百円がもうけもの。ナチス・ドイツの断末魔。戦火を逃れる避難民を満載した船がソ連の潜水艦に撃沈され、一万数千人が犠牲となった。その時その場で生まれた男が半世紀余を経て事件の再構成を試みる。だが私の注目は、彼の息子の少年がインターネットでその事件に関して反ユダヤの論陣を張る点である。新たなメディア状況や時代の風潮への関心を、作者は失っていない。ロジャー・パルバース『ライス』（上杉隼人訳、集英社、二〇〇一年刊）、五百円。在日日本通の短篇集は多く異邦の日本人を主人公にする。アイデンティティを喪失した現代人の象徴としてであろうか。人生の断片を切り取る手法に俳句を連想した。

今様チェーン店、ブックマート千歳船橋店からも一冊、新井満&新井紀子『ハイジ紀行』（講談社文庫、二〇〇七年刊）、三百五十円。この奥さんも、どうやら私と同じく岩波少年文庫で『ハイジ』を読んだらしい。

二〇〇九年読書アンケート

恒例、百円古本選（＊は百五円）。読んだ順にて。

1　岡野恒也『オラン・ウータンの島――ボルネオ探訪記』（紀伊國屋新書、一九六五年刊）。経堂・大河堂書店。＊

心理学者が研究上の関心からオラン・ウータン捜しに渡った北ボルネオは、二十年前〝大東亜戦争〟の戦地でもあった。

2　鈴木常勝編著『上海コロッケ横丁――新民晩報投書欄』（新泉社、一九九〇年刊）。荻窪・ささ

ま書店。＊

上海の夕刊紙「新民晩報」投書欄からピックアップした中国庶民のつくろわぬ生態と真情。上海人のしゃべくりを関西弁に移しているのが愉快。編者は中国各地で街頭紙芝居をして見せたというから、かなりユニークな人らしい。

3　上條さなえ『10歳の放浪記』（講談社、二〇〇六年刊、〇七年二刷）。仙川・ツヅキ堂仙川店。三冊二百円のうち。

戦争がもたらした混乱は、ついに小学五年生の少女を酒乱の父とともに池袋ドヤ街の流浪に突き落とす。子供の側から描いた一九六〇年版『子を連れて』。児童福祉法も児童憲章もあらばこそ。その頃、池袋・大塚界隈にはまだ〝戦後〟の気配は濃厚に生きていた。

4　田川肇『權域の女』（鶴書院、二〇〇七年刊）。経堂・遠藤書店。＊

戦前の韓国に生まれた著者の断ち切れぬ因縁の糸が手繰られる短篇が四本。抑制された静謐な筆致。こんな小説があったのか。

5　尾崎士郎『遠き跫音』（中央公論社、一九六四年刊）。経堂・遠藤書店。＊

関東大震災の折、労働運動家の弟を官憲に虐殺された小工場主の兄が、復讐のため共産党に入って国家権力を敵に回す。弾圧により運動は衰微、頽廃し、脱党するまで。時代の空気を呼吸した作者ならでは。読みようによっては特異な状況を生きた男一匹の痛快な冒険譚として楽しめる。こんな小説もあったとは。

雑本哀楽2010

吉祥寺、去る者あれば篇

吉祥寺駅北口、アーケードのあるサンロードに二軒の古本屋があった。「あった」と過去形で記さねばならない。そのうちの一軒、金子光晴が揮毫した看板で知られたさかえ書房が、昨年末、その看板を降ろしてしまったのである。吉祥寺を歩く楽しみがまたひとつ減った。しかもこの店のなかには、一昨年であったか枝川公一氏が新聞の連載で私のことを取り上げたあの写真付きの記事が貼ってあって、入るたびに自分とご対面するのに閉口したものだった。

ここでの最後の買物は何だったろう。たぶん閉店の一月ほど前、宮春夫『赤い万年筆』（審美社、二〇〇七年刊）だろう。九百円。戦時中、一九四三年に東京のある私立中学に入学した少年の半年ほどの日々を描く小説である。読んで驚いたのは、この学校は海軍出身の校長以下、教練の教官までリベラルな気風で、敗戦を見越して可能なかぎり軍国教育を避け、生徒の個性を生かす教育を行っているのだった。時代を考えれば信じがたい。主人公と同年の著者は「夢の所産」という。フィクションに理想を託したものか。しかしこの人間味豊かな教師たちには、今日にも望まれる教育の原点がある。著者の「夢」を私もまた共有したいと思う。さかえ書房は最後にいい思い出を残してくれた。

吉祥寺界隈はこの連載の初期に扱った地域だが、主要な店を積み残し、もう一度書くつもりだった。それがこんな書き出しになろうとは。急ぎ足で他の店もめぐってみよう。サンロードのもう一軒、**外口《とぐち》書店**はもっぱら美本を並べる明るい店。パオロ・マッツァリーノ『**反社会学講座**』（ちくま文庫、二〇〇七年刊）。四百六十円。人間はむかしもいまも「いい加減で適当で間抜けな存在」だという「人間いい加減史観」に立ち、日本人の常識や幻想を揶揄し翻弄するすこぶる愉快な一冊。

サンロードを直進して五日市街道に出て左折した所にある**藤井書店**は一、二階が店舗。一階の文庫本の動きが早い。**ダン・ローズ『コンスエラ――七つの愛の狂気』**（金原瑞人、野沢佳織訳、中公文庫、二〇〇六年刊）を抜いてみた。二百円。異常な状況設定で、報われない愛を通じて純粋な愛を追求する（?）短篇小説集。滅びるのはなぜか男ばかり。

井の頭線出口から降りれば、すぐのところに**古本センター**がある。百円本で**堀啓『中国行軍 徒歩6500キロ』**（川辺書林、二〇〇五年刊）を買う。一九四三年初年兵が体験した戦争末期の中国南部「大陸打通作戦」（湘桂作戦）の一部始終。細部にわたる記憶、兵士の実感の再現に瞠目した。

さて、去る者あれば来たる者あり。同じ通りのバサラブックスは最近の新顔である。狭い店内に趣味的に特化した本を置く。釜屋修監修『現代の中国文学――ミステリー・イン・チャイナ』（東方書店、二〇〇六年刊）を廉価二百円本に見いだす。九〇年代以後の変貌の諸相を伝える作品群を読み進めば、やはりいまの私には、人の心の痛みに触れてこそという思いが募るのであった。

羽鳥書店まつり千駄木篇

駒込大観音《おおがんのん》光源寺。地下鉄千駄木駅から団子坂を登った先のその境内で「羽鳥書店まつり」が開かれると聞いた。この地に新たに出版社を興した社長が多すぎる蔵書をひとまず処分するというので、地元の古本屋が企画した青空古本市である。

青空にはほど遠い二月の寒いその日は私の誕生日でもあった。百円、五百円、千円均一の三つのテント。買うのは百円本五冊までと決めておく。

まずは**ロバート・ダーントン『壁の上の最後のダンス――ベルリン・ジャーナル 1989－1990』**（和泉雅人訳、河出書房新社、一九九二年刊）。言わずと知れた「壁」の崩壊。たまたまその時期に居合わせたアメリカ人歴史家が、「東」が「西」に吸収されるまで東ドイツの実情、「平和革命」の推移を観察した出色のレポートである。TVで見たときの高揚感がいまも甦る。同じ八九年の天安門事件。**森田靖郎『越境者――海を越えた天安門事件』**（三交社、一九九二年刊）は、その半年後にハイジャックして日本に闖入し、政治亡命を求めた男に関して、経歴や周辺を徹底的に取材、天安門事件の隠された背景に迫る。著者の数ヵ国にわたる行動力と豊富な人脈に圧倒される。

柴田元幸訳『イギリス新鋭作家短篇選』（新潮社、一九九五年刊）は気分転換の一冊。だがもはや、小説のなかに物語は生きられないのかという思いが残る。次に現れたのは中村政則（ほか九名）『歴史と真実――いま日本の歴史を考える』（筑摩書房、一九九七年刊）。マスコミにはびこる例の自称「自由主義史観」への論理的かつ論理的な反論集である。いささか喧噪の場を離れて、中華帝国に対する伝統的な警戒心を論じた山田賢の「「中国」という畏怖」に大いに教えられた。彼らよりやや下の世代らしい高橋哲哉『「心」と戦争』（晶文社、二〇〇三年刊）も、教育基本法改正と有事法制をめぐって「戦後」を否定する風潮への危機感を共有する。それにしても、「ゆとり教育」の本音が落ちこぼれ切り捨て、エリート養成を確信犯的にねらった愚民政策とは、「爾《なんじ》臣民」もいい面の皮ではないか。

当初の予定を満たしたので、続いて今回の企画者、不忍通りの古書ほうろうを訪れた。ここでも百円本で押し通そう。山中恒『子どもたちの太平洋戦争――国民学校の時代』（岩波新書、一九八六年刊）。著者の「ボクラ少国民」シリーズの総集篇といえようか。彼も当然戦後教育を擁護して「思想性に欠ける郷愁だけで、「戦前は良かった」などといってもらいたくない」と釘をさす。

そういう本を、私は選び、読んだ。

だが一方で、珍本とあれば桑原随旭『和宮御事蹟　附静観宮日誌』（増上寺・蔵経書院、一九一一年刊、二二年四版）にも手を出す私である。とにかく、図らずも百円で幕末維新期の詳細な知識に接したのは、行脚の徳にちがいない。そしてもう一冊、シュティフター『水晶』（手塚富雄訳、岩波文庫、一九五二年刊、七一年十九刷）、わが最愛の一書は、この日のかわいい女性同伴者にプレゼントした。

ノスタルジック小田原篇

われわれの高校の在京者クラス会、今度は湯河原で梅見とあいなった。あいにく雨の一日だったが、梅林から温泉へ、真鶴に移動して魚と酒で「ホームルーム」。小田急に乗り換える私は、小田原で一杯機嫌の古本行脚。だが、この地を代表した三四郎書店が撤退してしまったのは、つくづく惜しい。

それに代わって登場したお濠端書房は、開店当時の小田原城のお濠端から移転したが、店名は変わらず。ここで下村湖人『次郎物語』上・下（角川文庫、一九七一年改版刊、上・七四年六版、下・同年五版）に目をとめたのは、いささかノスタルジックな気分が尾を引いていたものか。各二百五十円。もっとも、これを読んだのは中学一年のころだったと思う。ところが読み進むにつれて、どうやらそのときは全五部のうち二部までしか読んでなかったらしいとわかってきた。そんなわけではじめて全篇を読み通したことになる。第三部は次郎の中学生時代。四部五部と成長に従って、家族親族との関係から友人、師へと世界がひろがり、五・一五や二・二六の事件も直接波及してくる。この日本的教養小説については、いつか整理して考えよう。

小田原ではもう一軒、**高野書店**が古い。郷土史文献が専門の店。そこで普通に読む本を探るのもまた一興か。**杉本秀太郎編『音楽と生活――兼常清佐随筆集』**（岩波文庫、一九九二年刊）、三百円。兼常の文で読んでいたのはウィーンで自殺した女性ピアニストの追悼文「久野女史をいたむ」のみだったが、まことに正論で、記憶にとどめていた。通読したかぎり、彼は日本の知識人でも稀な合理的科学的思考、不動の「常識」の人。日本をニッポンと記し、人名地名もタクボクとかキョートとか日本のものもすべてカタカナ書き。それを国粋全能の時代にも貫いたのが本領か。**伊藤登志夫『白きアンガラ河』**（講談社学術文庫、一九八五年刊）、四百円。副題「あるシベリア捕虜収容所の記録」。民主運動の過程が詳細で、ソ連側の期待以上に突っ走ってしまう一部の無垢な日本人の「純粋さ」など興味深い論点が示されている。一九五二年の製作当時、反共反ソ的と一蹴された映画『私はシベリヤの捕虜だった』の見直しを提唱してみたい。

ずっと前に読んではいたが、**柳永二郎『木戸哀楽――新派九十年の歩み』**（読売新聞社、一九七七年刊）を五百円なら加えていい。「新派をささえた人々」の章では百人以上の俳優を紹介する。おもに一九一三年初舞台の著者の同時代人。その半分くらいは、一流でなくても名前だけは知っていた。かつてその時代の新聞は七種類ほど目を通しておいたせいで、何事も、やはり若い時分の修業が物を言う。**結城孫三郎『糸あやつり』**（青蛙房、一九六六年刊）も八百円はお買い得だろう。

江戸時代から引き継がれた操り人形劇の結城座を、私は年に一回は見てきたが、いまは十二代目で、これは先々代、十代目の自伝と芸談である。伝統の保存と芸術的意欲と周囲の事情との葛藤の軌跡をふまえて、五月三十日、武蔵野芸能劇場公演に臨むことにした。

いまむかし自由が丘篇

日本語映画の最初のトーキー長篇劇映画といわれる（正しくははじめて商品として成り立った）『マダムと女房』は一九三一年の作。ファースト・シーンは郊外の原っぱで、ぽつぽつ文化住宅が建ち始めた風景だが、ロケーションは自由が丘付近で行われたと伝わる。まことに今昔の感に堪えない。

渋谷から東急東横線で現在の繁華の街《ちまた》に出る。ここに映画館がなくなってから、この駅に降りたことがあっただろうか。二軒の古本屋があったのは記憶していた。どちらも健在だった。

南口に**東京書房**。むかしながらの気分を残す店である。特別アピールする本も見当たらないなか、二百円均一本で**中村真一郎『読書好日――附・淫書を読む』**（新潮社、一九八八年刊）をひとまず押さえておく。つい副題に惹かれてしまったか。中村が古今東西の文芸に通じた桁外れの読書人であったことは他の著作で知っていたが、あらためてそのひろがりを確認する。以前痛感した、われわれ戦後の新制教育で育ったものとは水準を異にする、旧制高校世代の教養主義の典型への驚嘆に加えて、さらに江戸の名残の旧東京の上に築かれた近代都市ブルジョワ家庭があって、存在しえた文化との感を深くした。父親が日曜日ごとに展覧会や劇場に連れていき、その書斎で園池公功のソビエト演劇論を読み耽る少年は、田舎漢とは出発点が違う。淫書といっても、海外の希覯の原書なのだから。

しかしながら、彼ほど恵まれた環境を生きなかった雑民はR・H・ロービア『マッカーシズム』（宮地健次郎訳、岩波文庫、一九八四年刊、同年二刷）に手を出すことに躊躇しない。三百五十円。一九五〇年代初頭のアメリカを席捲した反共ヒステリーの元凶の一代記。口からでまかせ、はったり人生。彼の死（五七年）のすぐ後（五九年）の著作だけに、私などが知りたい当時のアメリカの大衆的社会心理にまで筆は及ばず、原題「上院議員ジョー・マッカーシー」が妥当な内容だった。

駅の反対側に出て、文生堂書店はミステリー・ファンには周知の店。しかし、私にはセルバンテス『ペルシーレス』上・下（荻内勝之訳、ちくま文庫、上下とも一九九四年刊）が収穫となった。二冊で八百円。かの文豪の忘れられがちな遺作という。絶世の美貌の王子と王女が身分を隠して聖都ローマへの巡礼行。その道中に幾多の挿話を織り込む伝奇物語《ロマンス》。多くは恋愛がらみで、登場する女性は美女ばかり。やはり偉大なる『ドン・キホーテ』（後篇が大傑作）には遠く及ばず。北欧から南欧まで、彼らの世界はヨーロッパに限られていた。

加えて馮驥才『纏足』（納村公子訳、小学館文庫、一九九九年刊）も見逃せない。三百三十円。原題「三寸金蓮」。清朝末から民国初期にかけて、纏足という伝統習俗の精華と衰亡を、ヒロインの「女の一生」を通じて物語る異色作。作者のいわば「纏足学」の蘊蓄に、他国の読者は目を奪われる。作の寓意が現象を超えて、変革期に伴う文化変容における人間のあり方に向けられていたとしても。

「御柱祭」の茅野へ篇

五月のゴールデン・ウィーク連休に、私たち「蓼科日記」作業チームは諏訪大社の御柱祭《おんばしら》に参加した。「蓼科日記」とは戦後の小津安二郎映画のシナリオ共作者、脚本家野田高梧の蓼科の山荘の日記で、そこに小津をはじめ多くの来訪者が感想を記している。直接関係はないが、その地方の七年に一度の大祭であれば、誘いに乗らねばもったいない。私の一文がヒントになって、茅野《ちの》で「小津安二郎記念・蓼科高原映画祭」が始まった縁もあり、その町は何度も訪れたが、今回は将来神木となるべき木が育つ御小屋山《おこやさん》の山中まで足を延ばした。

ところで茅野には一軒の古本屋があった。**古本屋ぴーぷる**。以前の場所から移転したのか、去年は見当たらず、電話帳でありかを確認しておいて、帰京の直前に訪ねてみた。思いのほかの本格派。旅先の楽しい時間になる。

日本左翼文芸家総連合編『戦争に対する戦争』復刻版（不二出版、一九八四年刊、同年二刷）が二千円。元版は一九二八年、南宋書院刊。その年、当時の左翼系文学者の大合同が成ったのを機に企画された、副題「反軍国主義創作集」。この本の存在はかつて北村小松について書いたときに知った。だが全二十篇を読み通してはいなかった。内訌甚だしかった左翼作家陣営が足並みを揃えた唯一の時期。すべて反戦・反軍を主題とするが、作者たちが軍隊体験はあっても戦争体験はない者ばかりで、戦争の表現は空想的で具体性に乏しい。いまの私の視点で読めば、シナリオ形式の島影盟の『麺麭』のSF仕立てが面白く、高田保の新派劇『勇士一家』に民衆性に依拠したリアリティを感じる。無告の民は加害者にもなるという認識が両作に共通するからか。

パン・リン（潘翎）『オールド・シャンハイ――暗黒街の帝王』（毛里和子、毛里興三郎訳、東方書店、一九八七年刊）。七百円。一九二〇―三〇年代の魔都上海の秘密結社青幇の首領《ドン》・杜月笙の伝記小説。中国版アル・カポネが大実業家に変身し蔣介石と利用し利用される関係になる。一方で日本の傀儡に成り果てる汪精衛。中国近代の正史の裏側は複雑怪奇。

三根生《みねお》久大『記録写真　終戦直後』上・下（光文社カッパ・ブックス、上下とも一九七四年刊）。上下で七百円。アメリカ国防総省提供による二百五十枚の未発表写真で構成した、一九四七年末ごろまでの占領下の日本人の生態。だが著者の真意が、敗戦意識や戦争責任の追及が曖昧で、旧支配層の復権を許し、体験を伝承しなかった日本人への批判にあることを忘れてはならない。

文庫本も二冊。斎藤充功《みちのり》『刑務所を往く』（ちくま文庫、二〇〇三年刊）。四百円。興味津々「秘境」レポート。獄中五十二年の男の件は圧巻である。坪田譲治編『赤い鳥傑作集』（新潮社、一九五五年刊、七八年三十五刷）。百円。大人から子供に与える童心主義という方向性に、日本の近代童話の出発を、私は読んだ。

さて、御柱祭で私たちが見物したのは上社《かみ》の「里曳き」のパートだが、翌週の下社《しも》では死者が出たと知らされたのだった。

ぶらり三省堂古書館篇

所用あり、ひさしぶりに神保町へ出ると、三省堂の前で古本を売っていた。一瞥して『青野季吉日記』（河出書房新社、一九六四年刊）に注目。千円。彼がわが国文芸評論の一方の雄であったことを知る世代として、一九三九年八月から四五年四月にいたる戦時下の日録（四二年後半と四三年を欠く）は見逃せない。種々の感慨はここに書き尽くせない。「妻、直子さんのところへ出掛ける。天プラを馳走になりに行くのだと云ふ。體の糧のためには無理も恐れない。心の糧については指一本もうごかさない」という記述あり。その彼も酒のためには無理も恐れないのだが。そうか、酒は心の糧であったか。四四年の師走から正月にかけて、島木健作の『礎』を読んでいる。その本の現在の持主はこの私である。青野宛の島木の署名本を古本で買ったのは、六一年の青野の死の四、五年後だった。

三省堂の裏の小さなビル。五階は以前から神保町古書モールだったが、四階が三省堂古書館になった。同じく何軒かの古本屋が出店する形らしい。だが百円均一コーナーはなさそうである。それでもしばらく過ごすうちに、ひっかかる本が出てきた。**ニコラス・ウェイド『ノーベル賞の決闘』**（丸山工作、林泉訳、岩波同時代ライブラリー、一九九二年刊）。六百円。一九七七年にノーベル医学生理学賞を同時に受賞したロジャー・ギヤマンとアンドルー・シャリーの二十年余にわたる同一テーマの研究レースを描くもので、かけひき上手のギヤマンと直情型のシャリーという性格の対照もあって、武蔵と小次郎の対決の如し。ただし、彼らの研究内容は素人には全然わからない。現代の科学研究では、実質的にスタッフの仕事でも、名誉はトップに帰すらしいと知る。

一九五〇年代後半、貸本という流通形態のために書かれた一群の娯楽小説があった。**若山三郎『お嬢さんと腕力学生』**（春陽文庫、一九六六年刊、六七年四刷）はそのジャンルの文庫復活版。三百円。その時代、貸本小説は大衆娯楽映画と通底する世界で、これなど松竹大船都会喜劇を想わせる。有馬稲子と高橋貞二、いや戦前の田中絹代と佐野周二か、とか思いながら読めば楽しい。映画研究者はこのあたりまで目配りしているのだろうか。

今西光男『占領期の朝日新聞と戦争責任』（朝日選書、二〇〇八年刊）。四百五十円。戦争体制に屈服し、その手先をつとめた新聞界が、戦後いかなる動きをたどったかを、朝日新聞を例に検証する。主題は「資本と経営の分離」の問題だが、社主村山家と戦前の緒方竹虎人脈の戦後経営陣との対立を軸に、GHQ、労働組合がからみ、争議、公職追放、朝鮮戦争、レッドパージと推移して、五一年秋、村山復辟成る。資本は手強《ごわ》い。

山口盈文《みつふみ》『僕は八路軍の少年兵だった』（草思社、一九九四年刊）。三百円。満蒙開拓青少年義勇軍から敗戦、逃亡の末、八路軍に拾われ、国共内戦、朝鮮戦争を戦い抜く。帰国は一九五六年。中国人を知悉するだけに、中国観は甘くない。東アジアの激動のままに生きた数奇な人生がここにあった。

続けて神保町古書モール篇

前回の三省堂古書館の一階上（第二アネックスビル五階）が神保町古書モールである。このほうが先輩格で、いっそのこと続けて探索しておこう。ここでの楽しみは、私の場合、やはり百円本にあるようである。

特定の情報を補充する目的で本を捜す輩が増えてきた。おそらくそうしたあたりから、書物という文化は蝕まれるのであろうか。わが古本の楽しみは、これといった目的をもたない。だが、未知との遭遇なくして何の人生か。ともあれ百円古本は、わが日常の一部になっているらしい。「手にふるる野花はそれを摘み／花とみづからをささへつつ歩みを運べ」（伊東静雄「そんなに凝視めるな」）。

前置きはさておき、今回はすべて百円本で固める。まずはゲオルギウ『ドナウの犠牲』（谷長茂訳、筑摩書房、一九五七年刊）。『二十五時』といってピンとくるのはもう高齢の世代だろうが、旧ソ連の衛星国にされた東欧の小国の悲劇を訴えた小説で、一九五〇年代に異常な関心を集めたものだった。その作者の第四作がこの著作。彼は在仏亡命ルーマニア人だが、本作ではブルガリアを舞台とし、西欧人の教授が共産党独裁に抵抗する人々の西側への逃亡を助けるうち、ついに捕らえられて死罪となるまで、状況の苛酷と恐怖の心理を描く。いまも世界のどこかの現実だろうか。ただし小説としては魅力薄。

野間宏『車の夜』（東京書房、一九五九年刊、同年再版）。五〇年代の短篇六篇を収める。兵隊もの、労働組合もの、風俗もの。標題作は銀座通りでの米軍兵士とのちょっとしたトラブル、意地の張り合い。いずれにせよ、いま読んでどうにもさほどの感興が湧かないのは、彼が長篇を本領とする作家だからというだけの問題なのか。

入谷萌苺《いりたにもいちご》『幻の「東突厥斯坦《ひがしトルキスタン》共和国」を行く』（東方出版、一九九七年刊）は若い（一九六五年生まれ）日本女性の行動力に驚かされる一冊。その国は現実に存在を認められた国家ではない。中華人民共和国新疆ウイグル自治区のイスラーム系住民の民族独立運動の象徴なのである。中国と日本を往来する著者は九四年に初めて同地に旅して、若者たちを通じてその事情を知るのだが、彼女の「何でも見てやろう」式の積極性は見事なもので、現地在住の朝鮮民族にも接触していく。

アゴタ・クリストフ『伝染病』（堀茂樹訳、早川書房、一九九五年刊）。日本で編纂された二冊目の戯曲集（一冊目は先の行脚で採集済）。アイロニーが彼女の作風の特徴であろうか。

同じく戯曲であるが、**長岡輝子・ＷＯＲＫ『わが町―溝の口』**（劇書房、一九七九年刊）は、アメリカの劇作家ワイルダーの『わが町』を長岡が二十世紀初頭の日本に翻案したもの。付載された彼女の「演劇的自叙伝」ともいえる文章が貴重である。それにこの本は、長岡自身の筆書きの献呈本で、その相手は知らないが戦前のテアトル・コメディ時代の知己らしい（未使用招待券も挿んだまま）。百円本でもドラマに出会う。歩く。手にとって見る。それだけのことなのに。

日暮里—田端周遊篇

田端・日暮里方面の古本屋分布に変化ありと聞いた。地元によいこの女性案内者がいて、日暮里駅で落ち合う。夕焼だんだんと称する坂の上、**古書信天翁《あほうどり》**へ。新しい店らしく今様趣味ながら、廉価の本は三百円と百円の二段構え。三百円本は二冊で五百円なので、二冊選んだうち、**パウル・ハイゼ『ララビアタ』**（高坂義之訳、春陽堂、一九二三年刊、同年再版）はめずらしい。ドイツ人最初のノーベル文学賞作家だが、忘れられて久しい。私も読んでいたのは標題作（訳題「片意地娘」）のみ。中短篇全五篇、異郷趣味に展開する愛憎の諸相にメリメなど連想するも、やはり古風な印象ではある。もう一冊、**脇明子『物語が生きる力を育てる』**（岩波書店、二〇〇八年刊）。子供の心の発達、人間性の成長に、昔話や童話の物語性がいかに重要かを論ずる背後に、電子メディア漬けの現代の子供相手の困難が見えてくる。

文庫百円本は古典を二冊。**テオフラストス『人さまざま』**（吉田正通訳、岩波文庫、一九三八年刊、五〇年八刷）は、アリストテレスの後継者による人間観察が古代アテネの市民生活を身近に感じさせる。**世阿弥編**（川瀬一馬校注・現代語訳）『**花伝書（風姿花伝）**』（講談社文庫、一九七二年刊、八二年十四刷）。父の観阿弥の口伝を筆録したものとされる。「鬼ばかりをよくせん者は、鬼もおもしろかるまじき道理あるべきか」。「能も住するところなきを、まづ花と知るべし」。肝に銘ず。

山の手線をふた駅、田端へ出る。新規登場の石英書房は夏休み、老舗の忠敬堂は古地図専門だから見るだけにして、**石川書店**に至る。むかしながらの古本屋気分。店先の五十円均一本から**高野生**『**20歳のバイブル**』（情報センター出版局、一九八八年刊）を抜いてみた。中学生でドロップアウトした少年が、北京でよど号ハイジャック事件の赤軍派と面会し、再会を約し北朝鮮に潜入する。金日成時代末期、滞在二百日。思想教育の実際が如実に記録された。それでも当局や赤軍派との認識のズレは解消されず。彼はその後どんな人生を歩んだのか。店内にて**ウィリアム・メイプルズ**『**骨と語る**』（小菅正夫訳、徳間書店、一九九五年刊）。副題「法人類学者の捜査記録」。五百円。異常な状態で発見された骨の鑑定を通じて、数多《あまた》の凶々《まがまが》しき殺人事件が語られる。著者の調査は、革命で惨殺されたロシア最後の皇帝一家や、〝エレファント・マン〟ジョセフ・メリックらの骨にまでおよぶ。そのメリックの骨格をマイケル・ジャクソンが一〇〇万ドルで買おうとしたとは(!?)

古本屋の中村は漫画や文庫が多いが一般書も置く。ここは百円の文庫本ですまそう。**吉野源三郎**『**君たちはどう生きるか**』（岩波文庫、一九八二年刊、二〇〇五年五十三刷）をいまの「君たち」はどう読むのか。歴史はウソで作られる事実を満載したM・ハーシュ・ゴールドバーグ『世界ウソ読本』（岩瀬孝雄訳、文春文庫、一九九六年刊）を加えて居酒屋「初恋屋」にたどりついた。荷物が重くなったので、最後の二冊以外はかわいい力持ちの相方に託し、後日少しずつ引き取ることにした。

「新しい波」シモキタ篇

シモキタといっても青森県の下北半島ではない。東京でシモキタといえば下北沢。ここも前にとりあげたが、古本屋新世代、新しい波が打ち寄せて楽しくなってきた。

タウンホール横にできたほん吉は女性ばかりの店で、オールラウンド型だが、百円本に面白い品が出る。先日発掘したのが石森延男『コタンの口笛・第一部あらしの歌』と『同・第二部光の歌』（東都書房、一九五七年二冊同時刊）。私が小学六年生のときに出た戦後児童文学の代表作のひとつで、中学に入ってから読んだ。以来半世紀。オリジナル、初版である。しかも帰宅して本を開いてみたら、第一部の扉の裏に「フィリップのことばに傍線をひいてくださいね／昭和卅三年二月八日／延男」と墨書してあるではないか。「よしよし」と店員女性の頭でも撫でたい気分。

ところは北海道、千歳あたり。先住アイヌ民族の血をひく（亡母は和人《シャモ》）中学生のマサとユタカの姉弟が、心ない人々の差別の眼のなかで、ときに挫けそうになりながらも強く正しく生きていく。著者の石森は札幌生まれ。その示唆に従ってフィリップ（アイヌ人の学校用務員）の言葉に留意して読めば、そこにキリスト教的ヒューマニズムの匂いに気がつく。民族自立の自覚の立場からは融和的消極的解決かもしれないが、私の中学でも同じ状況があって、当時教えられることは多かった。

森本貞子『冬の家――島崎藤村夫人・冬子』（文藝春秋、一九八七年刊）も百円ではもったいない力作である。文豪島崎藤村との間に四人の子を残して（他に三人が早世）三十三歳で逝った最初の妻の生涯。明治の文明開化をさきがけた北海道南端の港町、函館の新興ブルジョワ家庭の四女。東京の明治女学校に学び、そこで教師だった藤村に嫁す。だが新天地の自主独立、核家族の気風に育った妻と、木曾馬籠の大家族的しがらみに生きる夫との葛藤は免れない。文学への憧れと文学の実践。調査が行き届いた本は、読んで心地よい。

通りを渡って**古本ビビビ**に入る。いまどき趣好の店。ふだんは中古ビデオなど買うのだが、この日は廉価の本を猟ってみた。**ヨースタイン・ゴルデル『カードミステリー――失われた魔法の島』**（山内清子訳、徳間書店、一九九六年刊）。百円。失踪した母を捜して、少年は父とノルウェーからギリシャへ旅する。その現実の進行に、途中で老人にもらった豆本に書かれた非現実ファンタジーが織り込まれ、双方あいまって四代にわたる家系の物語が姿を現す。なかなか読ませる仕掛けである。少年の父はアマチュア哲学者で、何かと息子にミニ講義。著者は次作に『ソフィーの世界』を書く。

さて、ここで少々気分転換。**本橋信宏『欲望の迷路』**（宝島社、二〇〇三年刊）といこう。二百円。「FRYDAY SPECIAL」連載の尖端フーゾク探訪体験レポート。戦争と飢餓から遠く離れて、日本人は色呆けしちゃったか。もりだくさんでいささかもたれるが、通販グッズに次々だまされるくだりは笑えた。湯水のごとく取材費を出し続けた講談社の太っ腹は羨ましき限り。

映画につられて続・神保町篇

またしても神保町に来てしまった。今回は別の地域のつもりで気が変わったのは、『森崎書店の日々』という映画の試写を見たからである（その後一般公開された）。この主要舞台が神保町の古本屋だった。男に棄てられた若いＯＬが叔父の古本屋を手伝ううちに心の傷から立ち直っていく物語は、正直言って昨今の日本語映画の自己閉塞性を一歩も出るものではない。それでも古本屋映画とは珍品だろう。そして古本屋といえば神保町か。映画のなかの架空の店は、狭いながら上品な品揃えらしい。廉価均一本は見当たらず、いかにも敷居が高そうだが、棚に並べた本の背ぐらいは一瞥して見せてもらいたかった。

ではどこへ行こうかと思いつつ、本通りの裏のすずらん通りのさらに裏へと、この日は足が向いた。そこの**羊頭書店**は「森崎書店」に造作が似た感じである。ただし狗肉（？）はミステリーが主体。そこからやや毛色の異なる**マルセル・エーメ『猫が耳のうしろをなでるとき』**（ちくま文庫、一九九六年刊）を選び出す。二百五十円。この作家には何十年もご無沙汰だった。二人の幼い姉妹を中心に、両親と動物たちが織りなす生活誌メルヘン。フランスの田舎の農家のひなびた気分が好ましい。だが、人間と動物が対等に言葉を交し合う世界で、超自然は自然な現実と化す。ロバと馬に変身した少女たちを、両親が次第に本物の家畜扱いしていくのがリアルで怖い。共訳者のひとりが岸田今日子。いかにも。

次の**文省堂書店**には百円本が豊富。それなりに対応してみよう。**三角洋一『とはずがたり』**（古典講読シリーズ、岩波セミナーブックス、一九九二年刊）。中世宮廷女性の若かりしころの愛欲絵巻と出家して仏道修行の旅の紀行。口頭のレクチャーの文字化だけに、注釈を頼りに読んだ古典が「作品」として身近になった。『伊勢物語』と『源氏物語』が次の時代の教養の基本であったと理解する。

伊集院通『回想の「風立ちぬ」』（マガジンハウス、一九九一年刊）は知る人ぞ知る一書か。堀辰雄とは無関係。『風立ちぬ』とは往時8ミリ・ブルーフィルムの名作と謳われた一本で、その作者と目される伝説の人物の回想である。私はこの分野（一九七〇年代以降は消滅）も当然映画文化に含めて考える。当時の体験を意外に淡々と語るのは、すでに無縁の場にいたからか。ガチガチ軍国少年の敗戦ショックが、むしろ強烈に心に迫る。残念ながら、私はこの「土佐のクロサワ」作品は見ていない。女体の時代による変化の観察が興味深い。

だが、地下文化の巨匠の人生も平和なればこそ。その点、**後藤乾一『火の海の墓標――あるア**

ジア主義者の流転と帰結』（時事通信社、一九七七年刊）が伝える市来《いちき》竜夫（一九〇六―四九）の生涯は壮絶である。昭和初頭、蘭領ジャワに雄飛したが、邦人社会より現地民衆に親近、日本軍政には協力するも敗戦後は日本名を捨て、インドネシアの対オランダ独立戦争に参加して戦死する。こんな「日本人」もいたのだった。夕方遅くに出動したこの日は、どうやらここらで時間切れ。

二〇一〇年読書アンケート

専門家・研究者にあらざるわが読書は、人間学、或《あ》るいは酒の如きか。酒場《さけば》を問わず、酒を択ばず。百円古本は日々の糧。ただ己れを語る「例之酒癖・一盃綺言」。

1　水澤周『八千代の三年――昭和十九年秋から二十二年秋へ』（風媒社、二〇〇二年刊）。経堂・遠藤書店。

母の遺したノートと手紙を基に、一九四四年秋から三年間の一知識人家庭の非日常的日常を精細に伝える。戦中の桎梏と戦後の解放の対照は、特に女性の身に著しく、新憲法と民主主義への感動はかけがえがない。一方で、上から下まで無責任で功利的な日本人の群れ。仮名で土門拳、湯浅芳子、石井桃子も登場する。

2　ナオミ・ウルフ『性体験』（実川元子訳、文藝春秋、一九九八年刊、同年二刷）。下北沢・白樺書院。

六〇年代「性革命」後、七〇年代サンフランシスコの娘たちが回想する成長の記憶。まだ大人ではない年代には適切な指導が必要と、著者は体験から忠告する。

3　ピエール・プロ『原始の風が吹く大地へ――人類二〇〇万年前の目覚め』（水品修訳、草思社、一九九八年刊）。仙川・ツヅキ堂書店仙川店。三冊二百円のうち。

およそ二百万年前、コトバを持ちはじめた原始人に「心」が芽生える。奇想天外小説、前代未聞。

4　伊波南哲『近衛兵』（協英社、一九六七年刊）。荻窪・ささま書店。

沖縄石垣島より唯一人近衛兵に抜擢された詩人が再現したその時点での感受。沼津御用邸で彼らの遊技会（運動会）を見物した大正天皇の明らかな異状が、訓辞の将校を号泣させる。

5　埴原一亟《はにはらいちじょう》『一国一畳ボロ家の主《あるじ》』（栄光出版社、一九七七年刊）。同上。

戦前に三回芥川賞候補になった著者だが、戦後は忘れられた。文壇生活者とは異なる市井の人生。古本屋体験の小説化を興味深く読む。

〔番外〕島村抱月脚色（トルストイ原作）『復活』（新潮社、一九一四年刊、二一年十二版）。経堂・大河堂書店。八百円。一九一四年、芸術座、「松井須磨子＝カチューシャ」の上演用脚本。今となっては珍品なるべし。

雑本哀楽２０１１

バスにゆられて三鷹―仙川篇

日常的に徒歩《かち》きを旨とする私でも、大都会を動き回るには何らかの交通機関を利用せざるをえない。そこでこの日は、ＪＲ三鷹から南下して京王線仙川（調布市）までのバスに乗ろう。バスは南口から出るが、行きがけの駄賃に、北口（武蔵野市）の小さなビルの地下、**才谷屋書店**で、**松岡光治編訳『ギャスケル短篇集』**（岩波文庫、二〇〇〇年刊）三百円と、**正高信男『ケータイを持ったサル』**（中公新書、二〇〇三年刊、〇四年十六版）二百円でスタートする。一方に十九世紀半ば英国女流の物語上手。他方はサル学者が観察した現代日本の若者世代のコミュニケーション能力のサル化現象。もっとも私などには、最近の高齢者のキレやすさが気になるのである。

仙川に着いて、甲州街道を渡って駅へ行く途中にある**川口書店**も文庫と漫画主体の小さな店だが、めずらしく**デフォー『モル・フランダーズ』上下**（伊沢竜雄訳、岩波文庫、ともに一九六八年刊、八九年五刷）が百円文庫本に並んでいた。貧しさと不運ゆえ悪の道に生きることになった女性の一代記。金銭に関する記述の細かさ（リアリティ）は、さすが『ロビンソン・クルーソー』の作者ならではか。

同じ京王線で調布に下りれば、街は繁華だが古本屋は壊滅状態。その点、仙川はまだましなのである。商店街を直進して端の近くを左折、ツヅキ堂書店仙川店を見る。百円本が多彩で、しかも三冊で二百円。つい手が出る。一冊目、ピエール・プロ『原始の風が吹く大地へ』（水品修訳、草思社、一九九八年刊）。これは早速読んで本誌（「みすず」）一・二月合併号の読書アンケートに滑り込み。二冊目、コンラート・シュピンドラー『5000年前の男』（畔上司訳、文藝春秋、一九九四年刊）。一九九一年にアルプスの氷河から古代人の凍結ミイラが出現した。当初から調査に携わった考古学者による経過報告と、遺留品をもとに「彼」の時間と空間を追究し、その生と死の想像に至る。三冊目にホルヘ・フランコ『ロサリオの鋏』（田村さと子訳、河出書房新社、二〇〇三年刊）はいかがだろうか。南米コロンビアの新鋭作家が描く血塗られた青春小説。

店内にも気を惹く本があった。前川惠司『帰郷——満州建国大学朝鮮人学徒　青春と戦争』（三一書房、二〇〇八年刊）。九百四十五円。五族協和を標榜する大学に朝鮮人学生がいて不思議はない。呉昌禄《オチャンノク》は二期生で、大日本帝国軍人として樺太（サハリン）で敗戦を迎え、同地に埋もれた歳月を送り、二〇〇〇年春に帰郷がかなった（その秋に死去）。著者は当人のみならず、彼の同輩後輩をも幅広く取材して、戦前戦後の東アジアの歴史に翻弄された人間の悲運を痛恨をこめて記録した。一読、感慨あり。もう一冊、水上勉『説経節を読む』（新潮社、一九九九年刊）。五百二十五円。民衆情念に口承で浸透した説教節。「さんせう太夫」「かるかや」「信徳丸」「信太妻」「をぐり」の五演目を、みずからの体験を交えつつ解説し、由縁《ゆかり》の地を訪れた覚書きを付す。日本語の語りの芸能の原点ともいえる説教節を、私は年に数回聞きに行く。書くこともコトバの芸能と考えるがゆえに。

総武線落穂拾い篇

新宿からJR総武線で東へ、千葉行きに乗る。その間の落穂拾いをしておこう。すでに取り上げた所は今回は通過することにして。

まずは亀戸。往古、関東大震災「亀戸事件」の地。ここに一軒、古書ミヤハシがあった。漫画と文庫主体の町場の古本屋。だが一冊、楽しめそうな本が手に入った。葉青『慟哭のリング』（読売新聞社、一九九八年刊）、四百円。女子プロレス小説である。しかも中国人女性が日本語で書いたもの。日中混血で中国拳法の天才少女が母の国日本で女子プロレスに身を投じ、艱難辛苦、女王の座へ。男のプロレスは職業だが、女子は一途な青春である。作者の知識がプロレス技はもとより、業界事情にも驚くほど精通し、少女たちの涙と友情に説得力を与えた。ちなみに私もかつてはプロレス狂で、女子プロレスでは悪役に回りながら正統的テクニシャンを貫いた職人、池下ユミが大の御贔屓だった。

本八幡。千葉県に入って市川市。南口に二軒。東側に**CoMo House**。**草野心平『運命の人』**（新潮社、一九五五年刊）とは珍しや。三百円。彼が往時広東で親炙した中国国民党の大物、汪精衛（兆銘）が〝支那事変〟最中に、蔣介石と離反して和平優先の南京政府（結局は日本の傀儡）を樹立する紆余曲折の過程を軸に、日中の関係人物の動き、汪派蔣派入り乱れる激烈な謀略スパイ合戦、さらに美しき女間諜と日本人新聞記者との恋まで添えた現代史ロマンである。考証にも遺漏はない。あの詩人にして、かかる小説ありしとは。

ところでこの店では中古ビデオテープも売っていて、見ると『虹の中のレモン』があるではないか。わが偏愛の斎藤耕一監督＋尾崎奈々＆ヴィレッジ・シンガーズ共演の青春歌謡映画四作中の二作目（傑作は四作目の『落葉とくちづけ』）、松竹、一九六八年作品。こいつは何が何でも押さえておこう。千円。

さて、本八幡のもう一軒は**川井書店**である。見渡せば文庫本の棚に**西野辰吉『秩父困民党』**（講談社文庫、一九七二年刊）と**井出孫六『秩父困民党群像』**（現代教養文庫、一九八六年刊）が並んでいたので、この二冊に決めた。百五十円と二百五十円。一八八四年（明治十七）十一月、埼玉県秩父地方に起きた農民蜂起を主題とする。前者は一九五四―五五年、後者は一九七三年の作。その間の研究の進展が反映されているのは明らかである（たとえば名前を変えて北海道に潜伏し、一九一八年の死の直前に身元を告白した井上伝蔵についてなど）。そして井出も言及するように、この事件は当然「三里塚」を想起させる。小川プロによる三里塚闘争のドキュメンタリー・シリーズは、私にとって斎藤耕一青春映画と同じ時代の、もう一方の極だったのである。

次いで幕張に出た。ここはもう千葉市だが、ローカルな感じ。だが**草古堂書店幕張店**はこの日の中では一番正統的な古本屋。**ボワロ&ナルスジャック『探偵小説』**（篠田勝英訳、白水社、文庫クセジュ、一九七七年刊）。二百円。フランスの二人組実作者のミステリー論には、それなりにするどい着眼もあった。

月島あいおい古本市篇

地下鉄（東京メトロ）有楽町線でひさしぶりに月島に出た。東北大地震の当日には京橋から世田谷まで歩くのを苦にしなかった私も、十五日後のこの日は時間の節約で電車に乗る。めざす相生の里とは中央区の高齢者ケア施設。そこで古本市があると聞いてやってきたのである。この催しは業界の一部若手達の企画なのか品数は少なかったが、読みはぐれていた本などを拾う機会にはなった。

その一冊、**大城立裕『朝、上海に立ちつくす――小説東亜同文書院』**（講談社、一九八三年刊）。二百円。一九〇一年に上海に創立されたこの学校（三九年に大学となる）は、日中の連帯を掲げながら、結局日本人の善意の自己満足的幻想、帝国主義日本の東アジア関係史の鬼っ子にすぎなかったのか。この小説はそれを正面切って論ずるものではないが、戦争末期の四四年に入学した沖縄青年（作者の分身だろう）を主人公に、戦後にまたがる一年あまりの日々を物語って問題点を暗示する。先輩同輩の日本人や親しい中国人の家族、とりわけ朝鮮、台湾出身の学友の動向が彼の心情を複雑にゆさぶるのである。さらには杉森久英『辻政信』（文藝春秋新社、一九六三年刊）にもここで出会った。三百円。私の世代では辻政信の生涯の謎の最後に同時代的記憶があり、さかのぼって過去を知っていったのである。その生きかたに著者は田舎の極貧からのしあがった秀才の極端なケースを読む。ケレン、ハッタリ、自己顕示。だがスペシャリストの視野狭窄を言うならば、問題は彼ひとり、その時代にとどまらないだろう。それにしても、戦犯最大級の人物をやすやすと国政に送り出した戦後の日本人の精神構造こそ、考究の対象ではなかろうか。

気分を変えて山崎時彦『遠い日のうた――大正・昭和初期の頃』（未來社、一九八八年刊）に目を向ける。五百円。一九一六年、大阪生まれ。生い立ちの記に、ゆかりの歌、愛唱歌を散りばめる。わが幼少の一九五〇年代の流行歌ならけっこう唱え、唱歌・童謡にも一家言ある読者としては楽しい刺激。しかも彼は甲子園の中学（旧制）野球ファン。大相撲熱中少年だった私にマニアの気持ちが伝わった。

竹山恭二『報道電報検閲秘史』（朝日新聞社、二〇〇四年刊）は、電話普及以前の日露戦争時に郵便局が新聞記事送稿電報をチェックして送信停止、部分削除と処置していた事実を、たまたま発掘した丸亀郵便局の記録をもとに明らかにする。六百円。そこに戦地の兵隊の家郷への私信を対置して、ジャーナリズムの戦争報道の虚実、商品化に論を進める。さらに時代を降って一九三〇年代、日中戦争に突入して活字メディアはより大きな影響力をもつ。二〇年代生まれの女性たちの調査研究、**私たちの歴史を綴る会編・著『婦人雑誌からみた一九三〇年代』**（同時代社、一九八七年刊）は、ほぼ予想どおりに良妻賢母から銃後の守りへの転換を誘導する変化を報告していた。七百円。ここではとくに話題にならないが、ジャーナリズムの国粋化への転向の契機は五・一五事件ショックと私は考えている。

鳩の街古本市篇

向島五丁目のそこは通称鳩の街だった。むろん、あの吉行淳之介の娼婦ものの面影など十年ほど前に来たときですらあろうはずもなかったが。ここで若い有志が東北地震被災者支援の古本市を催すと新聞で読んだ。収益はすべて義援金にあてるという。ささやかなスペースでも彼らの心意気を買おう。棚の上に並べた絵本は売り物でなく、被災地の子供たちへ贈るとのこと。とはいえ日頃の習性で、まず目が行くのは廉価の本。一冊五十円のなかから四冊ピックアップした。

その一、**源氏鶏太『三等重役』**（新潮文庫、一九六一年刊、六四年六刷）。彼の小説の映画化はいろいろ見たが、本はまるで読んでいない。百分足らずの映画の原作は文庫本で六百数十ページもあるのだった。さすがに後半いささかマンネリ、冗漫は免れず。「三等重役」の形容は映画のほうに実感が濃い。一九五一―五二年の作にして人物に戦争の影が薄いのも意外に思えた。

その二、小松左京『やぶれかぶれ青春記』（旺文社文庫、一九七五年刊、七六年八刷）。こちらはまさに時代の産物である。戦中戦後にまたがる旧制中学生。その学校の極端な軍国主義教育と、戦後も変わらぬ教師の強圧。受難の記憶がリアルに回想される。三高への進学ははじめての解放となり、旧制高校バーバリズムを極限的に満喫するも一年後、学制改革で新制大学に編入、疾風怒濤の青春はひとつの区切りを迎えた。その後には政治運動が彼を待っていたのである。

その三、北芝健『警察裏物語』（バジリコ、二〇〇六年刊、同年十一刷）。元警視庁刑事の語る内幕エピソード集。私はごく若いころ、酒の上の戯れで二度ばかりパトカーに乗せてもらった程度で（一回は手錠をかけられて）、その世界には詳しくないので興味本位に読んでみたが、印象に残ったのは警察と検察との対立感情、それに刑事時代に取材に来た美人女性記者と極上の快楽を共有した自慢話だろうか。

その四、阿部知二『風雪』（創元社、一九三九年刊）。明治の自由民権運動以来のリベラル政客と彼の伝記執筆を委ねられた大学教授とを軸に、ファッショ台頭の時流に動揺する知識人群像を描く小説《フィクション》だが、昭和の精神史の一面を知るうえで貴重な参考資料となる。

以上に加えてキャッチした本、二冊。新井恵美子『腹いっぱい食うために――『平凡』を創刊した父岩堀喜之助の話』（近代文藝社、一九九四年刊）。五百五十円。内容は副題に尽きるだろうが、「平凡」抜きに戦後の大衆文化は語れない。若林滋編著『北の礎《いしずえ》――屯田兵開拓の真相』（中西出版、二〇〇五年刊）。五百円。北海道開拓のさきがけとなった屯田兵（のちの満蒙開拓の雛型か）。対ロシア防衛を優先し、不毛の地にも彼らを送り込んだ国家の非情。道内に散在する旧兵村に次々と足を運んだ著者の行動力を評価したい。

帰途、川沿いの隅田川公園にて、鳩の街入口のスーパーで需めたデコポンを賞味。震災三週間目の四月一日。墨堤の桜は例年より遅く、まだ大半が蕾だった。

地鶏を肴に北九州篇

四月下旬、北九州へひとっ飛び。同市の市立文学館から講演に招かれたためである。ただちに小倉駅最寄りの古書城田へ。小さいながらも意欲的な品揃えのなかで、ユニークなのが石飛度編『古典への回帰――3冊の本・抄』（あさきや文庫、一九五六年刊）。B6、一五〇ページ弱のガリ版刷り。矢代幸雄『太陽を慕ふ者』、岩井尊人『空の旅・笛・寄せ鍋』、松方三郎『遠き近き』から短章数篇ずつを採り、編者自身が原紙を切った手造り本である。二百円。思えば当時小学生の私はガリ版学級新聞を単独製作したものだった。

秋山正美『少女たちの昭和史』（新潮社、一九九二年刊）。四百円。昭和少年少女文学館の創立者は過去の被虐的女性史観を批判し、昭和初年・十年代の少女たちの生態に寄り添う（多く活字媒体による以上、都市中流が主になるが）。著者いわく、昭和の少女たちは未熟な大人、平成の少女たちは早熟な子供。『新進傑作小説全集9・葉山嘉樹集』（平凡社、一九二九年刊）。五百円。一九二七―二九年の短篇十二篇。インテリ主導のプロレタリア文学。対するに葉山は正真正銘プロレタリアの文学である。非共産党系文戦派を歩む由縁か。

夜ははじめての土地でちょいと一杯。酒場の大半が焼鳥屋なのに驚く。鶏アレルギー人間なら生息できない街、小倉で地鶏焼を肴に地酒を少々（でもないか）。

翌日は文学館最寄りの西小倉駅から四つ目の門司港へ。佐藤書店は格調ある正統派だが、廉価の棚でジェニファー・トス『モグラびと――ニューヨーク地下生活者たち』（渡辺葉訳、集英社、一九九七年刊、同年四刷）に目がとまった。三百円。地下鉄網を中心に奥（下）深く、トンネルに住まうホームレスは推定五千人超。ドラッグ中毒が多いらしい。そこでは人間性の善悪両面が凝縮されて混在する。若い女性が取材した類例のないルポルタージュ。『葦平曼陀羅――河伯洞余滴』（玉井闘志、玉井家私版、一九九九年刊、同年二刷）は地元の店ならでは。火野葦平晩年の「選集」全巻の詳細な自作解説の再録等に加え、子息たちの文章で遺書および当初自殺が公表されなかった事情を明らかにする。千五百円。葦平（本名玉井勝則）の両親（「花と龍」のモデル）の写真とも初対面（帰京後、一九五四年の佐伯清監督による最初の映画化を見たが骨太で重厚な力作だった）。平田オリザ『平田オリザⅠ・東京ノート』（ハヤカワ演劇文庫、二〇〇七年刊）。三百三十円。教材に使うので晩聲社の元版は持っているが、携帯用に買っておく。

小倉に戻り教養堂書店を訪れる。朝日新聞西部本社編『空のかなたに』（葦書房、一九九〇年刊、同年二刷）を知る。陸軍特攻隊基地、鹿児島知覧飛行場。軍指定食堂のおかみだった老女の回想によみがえる痛哭の若者群像。後世はいつまで彼らを覚えていてやれるだろう。四百円。菊田一夫『がしんたれ』（角川文庫、一九六一年刊、七九年十九刷）。二百円。数奇波瀾、内容豊富な生い立ちの記の作者も、いまはむかしの英雄に思えてくる。古本行脚の教訓は、ときに非情にして無常なのである。

日曜も営業、早稲田篇

いつのころからか東京の代表的な古本屋街、神保町と早稲田では日曜定休が常識になっているが、それでも営業している掟破り（?）もなくはない。異端に敬意を表すべく六月最初の日曜日の夕刻、早稲田に行ってみた。本の重さが加わることを考えていちばん遠くから。大学正門に近いリサイクルブックス・ルネッサンスへ、高田馬場駅から一直線。店先の百円本から山際素男『脳みそカレー味——岸田今日子・吉行和子とのインド旅日記』（三一書房、一九八五年刊）を選び出す。おもしろい。突拍子もない自然体で異文化に適応してしまう両女に、観光案内の名所めぐりは無縁だった。

よし、今日はこの調子で百円本で通してやろう。で、次なる飯島書店。以前から日曜もやっていた筋金入り。一冊五十円の文庫本にツルゲーネフ『處女地』前篇・後篇（湯浅芳子訳、岩波文庫、一九三六年刊、前篇五〇年十刷、後篇同年九刷）、二冊で百円也。中学時代に愛読した作家の晩年の作。一八七〇年代ロシアで農民・民衆の現実に無知な「過激派」の挫折の物語には、いささか戯画的アイロニーが感じられ、一世紀後の日本の出来事を連想させもする。ツルゲーネフは私が「知識人」「民衆」という主題を自覚する最初の教師だったのか。

さて早稲田エリアでも高田馬場に近づいて、三楽書房の二階に丸三文庫という店が出現したことに、この日はじめて気がついた。狭いながらも百円本いろいろ。稲垣真美『日本の名酒』（新潮選書、一九八四年刊）は戦後の日本酒がアルコール添加でベタ甘になっていた時期に地方の地酒に真の伝承を発見し、純米、吟醸といったジャンルが確立するその先駆的探究というべきか。日本の酒文化の精粋に地主層の「家業」を発見したのである。ちなみに私は最近、震災被災地支援の名目で東北地方の地酒に親しんでいる。『笑うふたり――語る名人、聞く達人』（中央公論社、一九九八年刊）は高田文夫による九人のコメディアン、落語家たちとの対談集。たまには息抜き本も入れないと身がもたない。なかでも谷啓の子供時代、奇行少年ぶりが圧巻。

高田馬場駅前、新刊書店の芳林堂の一郭に設けられた「ふるほん横丁」がこの日の終着点となる。三省堂古書館の縮小版か。ところがここには百円コーナーがなかったのである。残念無念。いたしかたなく二百円で北原泰作『賤民の後裔――わが屈辱と抵抗の半生』（筑摩書房、一九七四年刊、七五年三刷）に手を出してしまった。軍隊内の部落民差別を天皇に直訴した一九二七年の事件の主人公の敗戦時までの自伝である。詳細に再現された衛戍刑務所、陸軍教化隊の実態も興味深いが、私の関心は「札つき」の「主義者」からの転向者が戦時総動員体制下をどう生きたかにあった。

いったん禁を破ればもはやとめようがない。三百円のK・ローレンツ『人《ひと》イヌにあう』（小原秀雄訳、至誠堂選書、一九六六年刊、八二年十二刷）の誘惑も拒まず。人間のもっとも身近な同伴者への深い理解、そして大きな愛。それがすべての学びの正統でなければならない。

未踏の街、平塚へ篇

湘南・平塚は、わが古本行脚で未踏の街だった。駅の西口を出ると向かいに萬葉堂書店が見えた。いかにも古本屋らしい気分に満たされる。野田宇太郎『灰の季節』（修道社、一九五八年刊）など通好みの一冊。五百円。野田宇太郎といえば文学散歩の人。だが、この本の彼は、改造社から河出書房に移った「文藝」（一九四四年十一月―四五年十二月、十一冊）刊行に孤軍奮闘する編集者である。その時期の日記を抄録し、回想を書き加えて戦時最末期の文学事情を記した貴重な資料。志賀、豊島、川端、横光、中野、島木、火野らの生身の一面を伝えるなかで、格別印象的なのは彼が傾倒した太田正雄（木下杢太郎）の知性と人格、それに文壇進出野心まるだしの小生意気な学生作家三島由紀夫の姿だろうか。三田完『当マイクロフォン』（角川書店、二〇〇八年刊）。同じく五百円。NHKに中西龍《りょう》というアナウンサーがいた。情感こもった独特のナレーションで知られた「新時代の活動弁士《カツベン》」。彼の生涯のモデル小説である。若き日の異端無頼にとどまらず、芸の真髄、彼ならではの語りの間のテンポにふれる挿話を読むべきだろう。文章もまた、当然音読を意識して書くものなのだから。

弘明寺書店はリラックスした町場の古本屋。**J＝P・アメット『ブレヒトの愛人』**（中原毅志訳、小学館文庫、二〇〇四年刊）が興味をそそる。二〇〇三年ゴンクール賞（百周年）受賞作という。一九四八年、亡命生活から東ベルリンに帰還したブレヒトに、国家保安機関《シュタージ》は警戒と監視の体制を敷く。西側に夫と娘がいる若い女優が愛人となって、彼の言動を報告する。しかし、彼女の心は報告相手の将校へ傾いていく。特殊な時代の特異な状況。巨匠もここではただの好色おやじ。百八十円。

三軒目、**リ・ボン館**は一見いまどき新古書店のようで、なぜか古い文庫本の棚があって、このごろ見かけないものも少しは目についた。**ネクラーソフ『デカブリストの妻』**（谷耕平訳、岩波文庫、一九五〇年刊）。百五十円。一八二六年、蜂起に敗れてシベリアへ流された夫を追う若妻の純愛を詠う長篇叙事詩二篇からなる。ふと、二・二六事件の青年将校を想わせる瞬間があった。**若山牧水『旅とふるさと』**（新潮文庫、一九五一年刊、五八年十刷）。二百円。明治末から大正初めに書かれた随筆と短歌。平成の代《よ》に思いもよらず牧水を読む。モータリゼーション以前の旅は、自然に従って生きることであった。

ところで、平塚のひと駅東京寄りは茅ヶ崎である。前に引っ越し中で閉めていた**古本大学**をついでに尋ねてみた。東京に三軒の支店を出していたのを思えば今昔の感。小さくなったその店で戸板康二『物語近代日本女優史』（中公文庫、一九八三年刊）でも買っておこう。三百円。川上貞奴以来の舞台女優の列伝を読む。読みながら、いろいろ古新聞に目を通してきた私は、大正という時代に不思議に親密な既視感を覚えるのだった。結局この日は茅ヶ崎、さらに藤沢と歩いたのだが、すでにとりあげた店なので割愛する。

東武東上線をゆく・前篇

今は昔、学生時代から永らく東武東上線の常盤台に住んだので、東京で最初になじんだ古本屋といえば駅の近くの岡川書店だった（五、六年前まであったと思う）。だが、近年はその電車に乗るのも間遠になっていたところ、沿線古本屋分布も様変わり著しいと聞き、しばらくぶりの東上線行脚を企てた。

池袋から三つ目、大山に旧知の店は消え、はじめての店が二軒。まず銀装堂を訪れる。衣食住に関する本が目立つなか、硬派の文庫本も一通り。そこから尾佐竹猛『大津事件』（三谷太一郎校注、岩波文庫、一九九一年刊）を採る。二百五十円。一八九一年、来遊中のロシア皇太子が警備の巡査に襲われ負傷した事件をめぐる詳細な記録。外交的配慮で超法規的に犯人の死刑を求める政府筋の圧力に抗し、司法当局は司法権の独立を守り通す。教訓はいまにも通じるか。この皇太子はのちの皇帝ニコライ二世。一九一八年に革命で家族もろとも惨殺された。つくづく運の悪い人である。一方、無期徒刑になった凶徒津田三蔵は事件の四ヵ月後、服役中に病死した。ところは釧路集治監。わが郷里の町であったとは。

もう一軒は古本・ぶっくめいいと。狭い店に文庫本は質量充実とみたが、手が出たのは百円本の大熊一夫『ルポ・精神病棟』（朝日新聞社、一九七三年刊、七八年十六刷）である。精神病院という知られざる非人間的装置の実情が次々に暴露され、アンタッチャブルな権威に挑戦する快感がある。この状態はどれだけ改善されたのだろうか。

大山からふたつ先がときわ台。いまは高田書房常盤台店を残すのみ。しかも、古本屋というより音楽関係種々雑多の感じになってしまった。ならば当方も梧桐書院編集部編『なつかしのヒット歌謡曲集』（梧桐書院、一九七九年刊）で対応しよう。二百五十円。やはり一九五〇年代が流行歌黄金時代だったのだろうか。子供の記憶畏るべし。歌詞は忘れてもメロディは甦る。この本さえあればいくらでも唱えるというものである。もっとも、わが最近の愛唱歌は、やや時代を降って園まりの「逢いたくて逢いたくて」になるけれども。

次の上板橋へは歩いて行こう。林家書店は以前と違う場所にあった。百円文庫本、よく見かける朝日新聞山形支局『聞き書き ある憲兵の記録』（朝日文庫、一九九一年刊、九五年十一刷）もここらで読んでおく。満洲国チチハルで敗戦まで十四年間。東北の貧農の小倅を中国民衆に悪虐非道を尽くす有能な憲兵＝鬼に変えたものを、われらは真に克服したのか。

さらに板橋区から練馬区に侵入してブックセンターに行き着く。目ぼしいものも見当たらず、無理に選んだロバート・ホワイティング『東京アンダーワールド』（松井みどり訳、角川書店、二〇〇〇年刊）が意外な収穫。東京のマフィア・ボスと呼ばれたニコラ・ザペッティの生涯の盛衰に交錯する多彩な人脈。児玉誉志夫、町井久之（東声会）、力道山……その他ぞろぞろ。政治家とヤクザが癒着した戦後史の象徴としてのロッキード事件。猛暑の夏に読む一冊、百三十円は格安な買物だった。

新宿「古本浪漫洲」篇

学生時代によく飲んだ新宿西口小便《しょんべん》横丁。その表側、通りに面した天下堂書店は、狭い店内を雑本行き交い、何やら戦後乱世の趣を偲ばせたものだが、数年前に姿を消してみれば、新宿は（デパート展を除けば）古本不毛の街である。その新宿東口地下街サブナードで、九月の一ヵ月間「古本浪漫洲」と称して小規模な古本市が催された。約二十店が四、五軒ずつ幾組かで交替する形。残暑を押して何度か足を運ぶことになる。

九月七日。この日は鄭箕海《チョンキヘ》『帰国船――北朝鮮　凍土への旅立ち』（鄭益友訳、文春文庫、一九九七年刊）。二百五十円。著者は日本生まれ。一九六〇年、高校生のとき、父親の決断で一家で北朝鮮へ帰国した。しかし聞いて極楽見て（住んで）地獄。衣食住もままならぬ極貧国家で民衆は奴隷的境遇。さらに帰還者はつねに差別と監視の対象とされ、強制収容所へ送られ、消息を絶つ例が少なくないという。九三年に妻子を残して脱出、韓国に亡命して記した「地上の楽園」の真相。私の小学校の同級生も同じころ北へ渡ったと聞いた。頭のいいやつだったが、その後を知る者はない。日本名は長谷川敏夫。生きてさえいればと思うのみ。

九月十一日。**グードルン・パウゼヴァング『みえない雲』**（高田ゆみ子訳、小学館文庫、二〇〇六年刊）。二百十円。ドイツの原子力発電所で爆発事故が発生したという設定で、ひとりの少女の行動に託して人類の未来に危機を訴える。「チェルノブイリ」の翌年（一九八七年）に書かれたフィクションだが、いまとなっては予言的に読めてしまう（ヒバクシャ差別とか農産物・環境汚染とか）。「フクシマ」はけっして想定外ではなかったのである。タイムリーな一冊なのに新刊書店に見当たらないらしい。

この日は百円の文庫本も少々あったので、採集に加えた。**徳冨蘆花『自然と人生』**（角川文庫、一九五八年刊、六八年十八版）。一九〇〇年（明治三十三）に出た彼の出世作といえる小品集で、およそ百篇の短章のほとんどが漢文崩し美文調文語体に自然を模したなかに、三篇ほどやや人生に接近した口語文を見いだすところに、文章表現の転換期を実感する。さらに**ケラー『グライフェン湖の代官』**（堀内明訳、岩波文庫、一九五二年刊、五四年二刷）。いまどきケラーなど誰が読むか、となれば読んでみようではないか。主人公がむかし愛して結ばれなかった五人の女性を一堂に集める趣向は、まるで映画『舞踏会の手帖』の裏返しのようであった。アイロニカルな物語世界に苦い諦念が漂う。

九月十七日。J・ウィルソン編『原爆をつくった科学者たち』（中村誠太郎、奥地幹雄訳、岩波同時代ライブラリー、一九九〇年刊）。二百五十円。原著は一九七五年刊。アメリカで一九三〇年代に発達した核物理学は理論から実践へ進み、四五年の原爆製造にいたる。それぞれの過程に関与した十二人の科学者の回想は最先端の学問研究に携わる誇りと高揚感を伝えながら、パンドラの箱を開いた倫理的責任には言及しない。知的エリートの視野に愚昧なる民衆が存在しないのは、彼らのジャンルに限らないようだが。

東武東上線をゆく・後篇

東武東上線で埼玉県に入る。志木駅は北口に出れば志木市、南口側が新座市になる。東上線行脚の後半戦は、そこから逆に東京へ戻ってくる趣向にした。その南口、ブックス友は当世流の品揃え。選ぶとすれば伊藤桂一『静かなノモンハン』（講談社文庫、一九八六年刊、同年二刷）あたりか。二百円。一九三九年、関東軍がソ連戦車部隊に蹂躙されたノモンハン事件に参戦して奇跡的に生き残った三人（上等兵、衛生伍長、少尉）に取材して、彼らのミクロの視点で戦場の個の真実を再現する。その体験は悲惨の一語に尽きるのだが、限られた視界がかえって日本軍隊の非条理（指導者層の無知無謀、下積みの兵士の犠牲）を痛感させた。

ひと駅戻って朝霞台（朝霞市）。駅前のさとう書店はビルの二階にあるが、階下の階段脇が一冊百円のコーナーだった。歴史ドキュメント・ノベルと称する杉森久英『荒野に骨を曝す』（光文社、一九八四年刊）がとっつきやすそうな短篇集である。頭山満を筆頭に、明治から昭和戦時期まで在野の国士といわれた人々の群像に浮上するのは明治日本人の中国、ロシアへの関心と行動の系譜であろうか。それぞれ短篇に封じ込めるに惜しい素材だが。

下赤塚まで来ればもう東京、練馬区となる。川越街道沿い、リサイクル・ショップの一員のごとく司書房が存在した。クライスト『ペンテジレーア』（吹田順助訳、岩波文庫、一九四一年刊）は近年まず目にしないので、二百円なら上出来である。ドイツ文学史十九世紀初頭、異能の才子の激越な詩劇。伝説のトロイア戦争を背景に、アマゾネスの女王ペンテジレーアと英雄アヒレウス（アキレウス）の戦闘の形でしか表現をもたない壮絶な恋。彼女は彼の屍を貪り食らう。エロスとタナトスの究極の一体化。山内久『私も戦争に行った』（岩波ジュニア新書、二〇〇〇年刊）は百五十円。後年のシナリオライターは一九四四年、十九歳の学徒兵として中国大陸に送られた。当時の民衆に反戦意識はなく、メディアは戦争気分を煽るのみ。彼自身も軍国少年だった。ひととおりの初年兵訓練を経て（捕縛中国人の刺突を含む）一人前の兵隊がつくられる。彼の結論は「人間は戦争が好きなのだ」（むろんその克服が未来の課題）。ところが彼の父は、アメリカと戦争して勝てるわけがないという持論を曲げなかった。父は山野一郎の芸名で通る無声映画説明者（弁士）で、永年アメリカ映画を語って彼我の実力差を弁《わきま》えていたのである。

東武練馬にはブック・ランドエーツーという店があった。ここも新古書店スタイル。酒井寛『花森安治の仕事』（朝日文庫、一九九二年刊）。二百円。私の母が「暮しの手帖」購読者で、例の商品テストは子供心にも強烈な印象があった。庶民の「暮し」をテコにした花森の発想は、たしかに日本人の「戦後」の達成にちがいない。この評伝はそれ以前の大政翼賛会時代も開示して、彼の仕事の意味を位置づけている。それにしてもいまの日本に要らざる出版物が多すぎる。後世に残るもの、いかほどありや。

二〇一一年読書アンケート

十人あまりの人たちと読書会「田中塾」を始めた。最初は言葉の身体性を再認識する意味で『平家物語』の音読。次いで釈迢空『詩語としての日本語』に進む。さらに一転して石光真清の手記四部作、有島武郎『星座』へ（毎回各自、詩を一篇朗読）。

それはさておき、この年、三・一一の関係は避けられないが、マス（活字）メディアでは東京新聞の「こちら特報部」の健闘が光る。東京新聞編『3・11の衝撃　震災・原発　特報部は伝えた』（東京新聞出版局、六月刊）はその中間報告で、以後もゆるがないジャーナリズムの姿勢を大いに評価したい。千円。

個人的には、その夜都心から歩いて帰ったら、本が大規模に崩れていて往生したのだが、埋れていた本が露出して、思わぬ読書に結びついたのが収穫になった。

中でも吉野源三郎編『日本の運命　『世界』座談会集Ⅰ』『日本における自由のための闘い　同Ⅱ』『原点――「戦後」とその問題　同Ⅲ』（評論社復初文庫、一九六九年刊、三冊とも）を特筆する。主に一九五〇年代に「世界」に掲載された座談会二十二篇を収録。それぞれ、明治以来の日本近代史をめぐる真摯な議論は、当時の編集長吉野のまえがきを含め、戦後の時代精神（初心）の緊張感を思わせ、私もまたあの頃の子供であったと確認させた。いつ、どこの古本屋で買ったものか、三冊三百円の値札が貼ってある。

秋はもっぱら山本周五郎を文庫本で読んでいた。日々の古本屋歩きで、けっこう百円以下で採集した（四冊百円がいちばん安かった）。男がいい。女がいい。中篇に名作が多いのはとっくに承知。今回の発見は長篇『虚空遍歴』上下（新潮文庫、一九六六年刊）。理想の浄瑠璃創作を追求した男の妥協なき彷徨と挫折（かげで見守る女の無償の献身）に激しく打たれた。あえて志に殉ずる運命こそ、創造・表現者の本懐か。それが死に至る病であったとしても。これは一冊百円（上下で二百円）で手に入れた。

解説　野から現われ、野に消えた人

田中眞澄の人間的倫理について

稲川方人

田中眞澄さんが亡くなってやがて一年になる二〇一二年十二月初旬、私は本稿を書き始めている。田中さんの不慮の死去が伝えられた二〇一一年の大晦日の気配が、未だゆっくりと私の時間感覚のなかに漂っているが、実際にはすでに一年という日々が経過してしまっている。

そのあいだがえる時間感覚を思うとき、いまこの国は、そこに生きる私たちにとっては、ただひたすら無意味に時が経過していく空虚な場となりつつあると言わざるを得ない。あまりにも早く日々は過去となってしまう。得体の知れぬ暴力かとも思えるその時間の無為と空虚さを、なんとか引き留めたいと思うものの、無軌道と無恥を極める国家の機構と、その機構を組織し、それに準じる人々の愚かさがさらに日々の速度を加速させて止まない。私たちは次第に、規則のない時の流れへの抵抗を諦め、個人の内に真の意味での「堕落」を潜ませることに馴れてしまうのではないか、そんな息苦しい危惧を抱かざるを得ない。「堕落」に即して共同体と個の遊離が始まり、生の困難を強いられる時代はますます至近となる。

と、この稿を書き始めると、その悲嘆を一蹴するかのような出来事が報じられる。某地方都市で、八〇歳を超える母と、同居する身体障害者である五〇歳台の娘が、料金滞納のために送電を停められた室内で凍え死んでいたという出来事である。この尋常ならざる出来事にどんな経過があったのか、この数年、新聞、テレビ報道といったマスメディアに接することを極力避けているので詳らかにはしないが、凍えた部屋で生を終えた罪なき二人の弱者の悲痛を、怒りによって受け止める「人としての資格」は、「世論」から遠ざけられ、剝奪されている。とりわけ二〇一一年三月以後は、あらゆる場においてその抑圧が顕著である。「大事」があり、「大事」の圧倒的な顕現に隠れて「個」は見えない。数年前から日々連関している、無慈悲な死を強要された同様の事件を、国家による「殺戮」だと断定することに私は少しも躊躇していない。だが、こうした「殺戮」を告発する言論は一向に発生しないし、告発の言論をこそ発すべき知識人たちには、「個」の悲劇が意味のない出来事に映じるのだろう。だが断じて、死や悲しみに等級などはない。

かような「殺戮」を国家が容認する時代、これが二〇一一年三月以後の「未曾有」ということか、冗談を言うな——こんな話を、震災からまだ間のない頃、試写がはねた後の渋谷消防署近くのベローチェで、私は田中眞澄さんと交わしていた。田中さんは、被災地からの、そして被曝地からの多くの避難者への直接的な慈しみを、いつものように誇示する様子は微塵もなく、だからと言って控え目でもない言葉で何度も言っていた。その姿勢に私は深く同意したが、実は田中さんのほうから「震災」の話が出るとは思っていなかった。迂闊だった。しまったと思いながら、まだ初期段階にあった被災地救済の政治的対応への疑義を乱暴に私は述べたが、田中さんが発言しようとしたのは、そんなことではなかったのだ。圧倒的な惨劇の顕現からは見えない人々のこと、その無名の姿を田中さんは言ったのだった。日々数値が動く被災避難者のその日に発表された数を正確に言いながら、それらの人々の計り知れない内面を真っ向から田中さんは受け止めようとしていたのだ。そこには排他的な、つまりは自己を現実の圧迫から隔離するような教養主義的な語彙は微塵もなかった。田中さんはただもっぱら悲しかったのである。

田中さんのその慈しみと悲しみが奈辺にあるのか、氏の新著であり遺著でもある本書は根幹的示唆を与えてくれる。無軌道な暴力を行使するかのような荒んだ今日の時の流れに、田中さんはどう抵抗したのか、私たちはどう抗えばよいのか、問いの向きをそのように換えてもよい。強固に穿たれている田中眞澄の「叛き」の意志、それを本書の基底に読むことは必然的に、その「叛き」の内に潜む他者への慈しみを深く共有し、いま私たちがどんな時代にいるかを反照することになる。

冒頭に置かれた「いつか来た道　とおりゃんせ」は、二〇一〇年の半ばからの一年間に書かれたもので、「五〇年代児童が読んだ本」と副題の付いたこの連載が、結果としては田中さんの最終的な仕事になってしまったが、そこに毅然と書かれている氏の意志をも「最終的」と見なすには余りにも惜しいというべき仕事である。実存を喪っている人物の未来へ可能性を述べるのはいかにも夢想的過ぎるが、この連載で田中さんは明らかに、従来からの自分の仕事を「通過」し、三〇余年を経た「史家」という自己の肩書きをより強固なものとする次の場所へ、他所へ仕事を進めようとしたこと、それをはっきり読み取っておきたい。むろん、私のそうした理解に明晰さが伴うかどうかには自信があるわけではないのだが、二〇一〇年の初夏に書き始めたと思われるこの「いつか来た道　とおりゃんせ」

の冒頭に読まれる、次の印象的な氏の声に私は何度も立ち止まる。北海道の生地での幼年時代にラジオやテレビといった娯楽媒体以上に、いかに読書が大事だったかを端的に述べた後、田中さんはこう言う。

過去への回帰に伴う情感を、いつから私は禁じ手としたのであったろうか。

この反語的な述懐には当連載を始めるに際しての心理的な留保もむろん関わっている。「五〇年代児童」の実像を主格として、氏の読書遍歴の如何を今日の読者に際立たせるためには、五〇余年の時の差異を許容しておかなければならず、その時の許容はつまらぬ「回顧」に回収されてはならないからである。自己の遠き「過去」を、ある年齢に達した現在において、抑止力を欠いた身振りで楽天的に語るつもりは毛頭ないが、しかし一方、五〇余年の月日の流れは許容し得ても、今日の世の虚しいばかりの時間の浪費にも断じてうなずくつもりはない、という意志が田中さんを捉える。「過去への回帰」を理由もなく胡散くさく思う若々しい野蛮な感性というものは確かにあり、そこで見定められる「現在」にはある種の絶対的な価値があることは認めよう。回帰の情動を「禁じ手」と言わしめるのは、若い感性を排除しない田中さんの理性である。そこには無闇なところがない。だが、二〇一〇年、四六年生まれの田中さんが六四歳になった年、みずからの幼少年期を、みずからの読書体験から召還しようとするとき、その「禁じ手」は慎ましく解かれる。過去へ回帰してゆく道程に、絶対的な「現在」には見い出せなくなった、未だ瑞々しく立ち顕われてくる「物語の情動」をすくいあげる、その作業には思いのほか重要な意味が添うはずだと、田中さんは考えたからである。みずからの記憶に鮮やかに繋留する一九五〇年代の風景が現在において広く共有される意味を示唆するその姿勢が、なにより田中さんの次なる転回を示していた。

そこには時代に固有な必然とともに、特殊を超えた超歴史的普遍がなければならない。その追体験とは、畢竟、人類の存在に同伴した「物語文化」の「魔力」に触れることなのである。

（「アンデルセンのこと、なぞ」）

田中さんの言う「魔力」がどんな含意から使用されたものなのかを（「物語文化」の「魔力」をまともには享受しなかった）私には断定し得ないが、少なくともこの一節を記述した時点では、一九五〇年代の「過去」へと回帰・遡上しない限り、田中さんを幸福に包み込む「物語」が見い出し得ないこと、そのことが暗に述べられているのは間違いない。それは、「物語の魔力」が現在性の所産としては叶わなくなったことへの、田中さんの低い諦めの声だと言える。端的に言えば、今日の「文化」に田中さんの「情動」に見合う「物語」が消失しつつあるのを苦く批判しているのとそれは同義である。わざわざ「超歴史的」という厄介な言辞を応用しなければならない理由も、その諦めへの反語的な抵抗ゆえである。――私はこれから一年をかけて自己の「物語体験」を書くが、それはあえかに光陰の移り行く時代や、嗜好ばかりが散逸する世代的な齟齬に影響されずに読まれたい、そんな田中さんの思いをそこに受けとることができる。

五〇年代の少年少女たちが経験した「物語」を現在に再生させること、その試みを田中さんが始めてしばらくして、思いも寄らぬ甚大な出来事がこの国を震撼とさせる。そう、渋谷消防署近くのベローチェで震災と被曝からの避難者たちへの言い知れぬ苦渋を言葉にしていたとき、田中さんは「いつか来た道　とおりゃんせ」をまさに書きつつあったことになる。それは田中さんの思惟にいかなる影響を与えることになったのか、と私は一瞬身構えるが、それを詮索するのが無意味であると断ずるよりも前に、田中さんの筆致には、凶暴な現実からの圧力にみずからの「文」がたじろいではならぬといった倫理が感じられるのである。渋谷消防署近くのベローチェで私が激情しつつ自堕落に述べた現実批判に応答しなかった氏の意志もまた同様のものであったと思う。それを氏の「精神のスタイル」だと言うことに私は躊躇しない。田中さんには「型」があった。シャツの左胸のポケットに煙草を差し入れ、そのセロファン包装紙の間には100円ライターと鉛筆が挟まれてあり、眼前の相手に視線を送るのか送らないのか曖昧なまま、語尾に留保を残してまた煙草に火を点ける、その小気味よい反復が氏の会話の「型」であるように、左胸のポケットに仕舞われてある（おそらくは芯の硬さも一定の）鉛筆でコクヨのB5判の原稿用紙にものを書くことも、あるいは、人と待ち合わせたり、人と偶然にも出会ったりしたときに見せる氏の素早過ぎる挨拶も、あっという間の別れの言葉もまさに「型」と言うにふさわしいもので、田中さんを知る人なら誰でも異存がないだろうそれらの「型」において、田中さんはみずからを貫いた人である。

だが、本書の主要を形成する仕事が氏の次なる転回を予感させるのは、二〇一一年三月の出来事が避け難く関わっているからだとあえて私は言いたいのである。それは氏の「型」の揺らぎではなく、

「型」の基底に備えていたものを現前にする出来事にほかならなかったからだ。

尋常ならざる出来事とは言え、むろん私たちの思惟がそれに無条件に拘束される謂れはないと控え目な留意を残しておきたいが、ここで言うべきは、本書をなす三つの章からは余すところなく田中さんの「型」の所在が確かめられるということである。その「型」が今日の時代と如何に関わっているのか――私たちが第一に読むべきは、その関係において率直な「情動」を隠さない氏の言葉のディテイルである。二章に置かれてある、二〇〇四年に書かれた「汽車に匂いがあった頃」は、その、心の動きを記すディテイルにおいても、さらには氏の思想を垣間見ることにおいても出色の一篇かと思われる。記憶の奥底に重く懐かしい驀進音を残したまま宙空へと発った蒸気機関車の思い出を描写しながら、「この国が惜し気もなく棄ててきた過去」を遡行する田中さんの真髄がそこには充分に書かれている。ちなみに、朔太郎の詩の一節に触発されつつ「さすればこれは、古本の山が崩れて圧死すべき未来であるか」と書くその一篇の最後の一行を、私は特記する気はさらさらないが、そこには図らずも氏の「情動」の（自己との正直な向き合い方とでも言えばよいのか）律儀さが漂っている、とだけは言っておこう。

最後と言えば、「いつか来た道　とおりゃんせ」の最終回において対象となる「物語」は、丸山眞男によって『資本論』の入門書ではないかと評されたという吉野源三郎の『君たちはどう生きるか』である。コペル君ら、この物語の主要をなす少年たちそれぞれの役割を語りながら田中さんはこの国の「貧困」に触れつつ最後に、自分の小学校六年の折りの修学旅行での小さなエピソードを紹介する。つまり、宿での夕食時、前に座った級友が、その名称も知らず初めて口にする茶碗蒸しを「うまいねえ」と言って食べたという、もらい泣きするよりほかないエピソードである。田中さんが小学校六年生だった一九五〇年代後期と、『君たちはどう生きるか』が公刊された一九三七年とにある、十数年のその物理的差異以上に「貧困」の事態は大きく、決定的に異なるが、破顔の表情で小さな椀に入った卵料理を食べる五〇年代の北海道の少年と吉野源三郎が描いた三〇年代の少年たちとに「階級」の顕われをみる氏の姿勢に漫然と対応することは許されない。そのことに関係するが、一九四六年生まれで、ジャーナリズムの希薄な呼び名に従えば「全共闘世代」と称される世代に該当する田中さんに私は「政治的青年」の匂いを嗅いだことが、実はまるでない。しかし、映画なら小川紳介の『三里塚・辺田部落』をベストだと公言し、文学ならプロレタリア小説への造詣に一筋縄ではいかぬ発言を有する田中さんが、この時点、つまりは二〇一一年三月以後の、国家によって排撃される人々が四、五十万の数になるのを目の当たりにする時点で発する「階級」という言辞には、はっきりとした意味の重心が落とされていると言うべきである。先に言った氏の「型」の底にあったものの真の顕われがこれだと断言してもよい。田中さんの後姿をそこにこそ見送っておきたいとすら私は思っている。「玩物喪志は死に至る病に他ならない」と書いて田中さんは最終的な仕事の筆を置いたのだ。氏の書く「他者への理解と寛容、人間的倫理《ヒューマニズム》」――ここに、「近代」の虚像があからさまになってしまった現在の時間に生きる私たちの「信頼」がある、あらねばならぬと田中さんは言っているのである。玩物喪志とは、その「信頼」を軽視する、極めて近代的な身振りにほかならない。

　さて、人への、さらに言えば共同体への信頼を「人間的倫理」において奪還せんと声を上げる田中さんのいた場所は、慣習的に「在野」と称されていた。私もまた、「小津の研究者ですが、牙城の人ではなく在野の人です」などと、氏を人に紹介することもあったが、田中さんにおいて「在野」とはなにか、改めて問わずにいられない。

私は先に田中さんの発言のひとつの特徴を、自己を現実の圧迫から隔離するような教養主義的な場からは発せられないと言ったが、そこで言う「教養主義的」とは単にアカデミズムを意味する程度である。みずからの「教養」や「知識」の無限の闘争を回避しなかった前代の知識人たちへ、田中さんが深い敬意を払っていたことは誰しもが認めるだろう。一方、たとえば玩物喪志という批判に相応する現在の世に限らないこの国の「文化傾向」、あるいは、上映される機会のなかった清水宏の記録映画を両国あたりに見に行った折り、会場にひとりとして映画評論家がいなかったのを、「所詮そんなものだ、あいつらは」と氏が揶揄するような、それなりに爽快な罵声だとは言え、単に「あいつら」との対峙において「在野」と言うのは字義に倣っているだけに過ぎない。その字義にある通り、主流を措定した上での対立を「在野」というのはどこか虚しいからである。（それがいまなおあるとして）文化の主流を形成する（これまたそれらの人々がいまなおいるとして）知識人や文化人を相手にするのは間違いなく虚しさの漂う行為なのである。虚無の権力的な価値においてのみ「生きること」の有効性が顕彰される今日の社会、その文字通りの下部＝下層において時代を措定し得る場所、そこを「在野」と呼ぶのがもっとも正しいのではないか。その存在が必要であるべき場所に「知識人」も「文化人」もいず、いないことがむしろ「知識人」や「文化人」の復権を欲望させるというのもまた本音ではあるが、「在野」とはそんなちっぽけな存在たちと類比される場所のことではないからである。

そうでないことは、三章の「ふるほん行脚　完結篇」にわずかでも眼を落とせば明らかになるだろう。読書を「目的」によっては限定しない氏の理性の「型」がそこには存分に発揮されているからである。文字通りの「行脚」の体で田中さんは各地の古書店をめぐり歩き、店頭の廉価本に手を添えつつ、みずからの立つ「野」に親しみ、「野」から見定めるさまざまな時代を、決して過剰さに委ねない言葉で書くのである。

「ふるほん行脚」がそうであるように田中さんは、素早過ぎる神出鬼没の体で野から現われ野に消える。亡くなる直前にお会いしたとき「稲川さん、われわれは野垂れ死だね」、そう言っていたその野垂れ死の場所で田中さんは人間を見、人間的倫理の如何を見ていたのである。むろん間髪入れずに補足するが、野から現われ野に消えたその死が「野垂れ死」であろうはずがない。田中さんが「人間的倫理」のうちに強度をもって言おうとした被抑圧者たちの死もまた同様である。私たちの歴史とは、死者たちの夢の果てを生きることでもあったのかと、田中さんは書き付けた（「『小公子』『小公女』をめぐる女性たち」）。田中さんの死後、淡島千景も死んだ、立原りゅうも死んだ、山田五十鈴も死んだ、大島渚も死んだ、そして今日、相撲好きの少年だった田中さんが愛して止まなかっただろう大鵬幸喜も死んだ。ひとつの世代の華やいだホリゾントは、時の流動に圧殺されるかのようにやがて消えてゆく。名のある人々の死と同等に、むろん無名の人々の死もまた果てぬ夢をこの世界に置いてゆく。そのひとつひとつが無惨となってはならない、田中さんはいまもそう言っているだろう。

田中眞澄氏が新しい仕事の展望に定めようとしたのは、私たちがどんな思惟を「人間的倫理」の内に維持すれば大切な時代の奥行きを見失わずに済むのか、それを書き継ぐことだったのだと私は信じたい。

二〇一二年三月十日、田中眞澄氏の死を悼む多くの参加者でいささか騒音が気になりもした「偲ぶ会」の終盤、マイクの前に立った姪御さんが、「伯父の大好きだった曲です」と手に持った小さなオルゴールの螺子を、亡き人の耳元に添えるように静かに巻いた。その姿が眼に焼き付いている。騒音を鎮めながらその場に鳴りわたったのは「月の沙漠」の細い音色である。誰もが知る大正期の童謡のメロディは、小柄な姪御さんを繊細に抱きしめたように思えた。その辺りに、不意に尊厳な光が注がれるのを見たのは私だけだったろうか。このようなひときわ美しい光景を、田中眞澄氏は肉親から捧げられてその生涯を終えたのだった。

初出

いつか来た道　とおりゃんせ　「世界」二〇一〇年七月号―二〇一一年四月号、六月号―七月号
煙草・ユーモラスな残酷　「ユリイカ」二〇〇三年十月号
汽車に匂いがあった頃　「ユリイカ」二〇〇四年六月号
ふるほん行脚　「みすず」二〇〇八年三月号―二〇一二年一・二月合併号

著者略歴

（たなか・まさすみ）

1946年，北海道に生まれる．慶應義塾大学文学研究科修士課程修了（国文学専攻）．映画・文化史家．著書『小津安二郎のほうへ――モダニズム映画史論』（みすず書房2002）『小津安二郎周游』（文藝春秋2003／岩波現代文庫2013）『小津安二郎と戦争』（みすず書房2005）『ふるほん行脚』（みすず書房2008），編著『小津安二郎・全発言1933-1945』（泰流社1987）『小津安二郎戦後語録集成　昭和21（1946）年―昭和38（1963）年』（フィルムアート社1989）『全日記　小津安二郎』（フィルムアート社1993）『小津安二郎「東京物語」ほか』（みすず書房2001）ほか．2011年12月死去．

解説者略歴

（いながわ・まさと）

1949年，福島県に生まれる．詩人，編集者．詩集『封印』（思潮社1985）『われらを生かしめる者はどこか』（青土社1986）『アミとわたし』（書肆山田1988）『2000光年のコノテーション』（思潮社1991）『君の時代の貴重な作家が死んだ朝に君が書いた幼い詩の復習』（書肆山田1997）『稲川方人全詩集1967-2001』（思潮社2002）『聖－歌章』（思潮社2007），評論『反感装置』（思潮社1987）『彼方へのサボタージュ』（小沢書店1987）ほか．

《大人の本棚》

田中眞澄

本読みの獣道

稲川方人解説

2013年 2 月 8 日　印刷
2013年 2 月 18 日　発行

発行所 株式会社 みすず書房
〒113-0033 東京都文京区本郷5丁目 32-21
電話 03-3814-0131(営業) 03-3815-9181(編集)
http://www.msz.co.jp

本文組版 キャップス
本文印刷所 中央精版印刷
扉・表紙・カバー印刷所 栗田印刷
製本所 誠製本

Printed in Japan
ISBN 978-4-622-08504-1
[ほんよみのけものみち]